살아내는 힘, 살아가는 힘을 갖춘 아이로 키우기

학부모 99%가 모르는
구글과 아마존에서
필요한 인재로
키우는 법

살아내는 힘, 살아가는 힘을 갖춘 아이로 키우기
학부모 99%가 모르는
구글과 아마존에서
필요한 인재로 키우는 법

초판 1쇄 발행 2021년 7월 20일

지은이 이계선, 박미연
펴낸이 장길수
펴낸곳 지식과감성#
출판등록 제2012-000081호

교정 정은지
디자인 이은지
편집 이은지
검수 김혜련, 최지희
마케팅 고은빛, 정연우

주소 서울시 금천구 벚꽃로298 대륭포스트타워6차 1212호
전화 070-4651-3730~4
팩스 070-4325-7006
이메일 ksbookup@naver.com
홈페이지 www.knsbookup.com

ISBN 979-11-6552-953-6(03370)
값 14,000원

- 이 책의 판권은 지은이와 지식과감성#에 있습니다.
- 이 책 내용의 전부 또는 일부를 재사용하려면 반드시 양측의 서면 동의를 받아야 합니다.
- 잘못된 책은 구입하신 곳에서 바꾸어 드립니다.

지식과감성#
홈페이지 바로가기

살아내는 힘, 살아가는 힘을 갖춘 아이로 키우기

학부모 99%가 모르는
구글과 아마존에서 필요한 인재로 키우는 법

이계선, 박미연 지음

포스트코로나 시대, 자녀를 인재로 만드는 Pr6 & Cr6!

5년, 10년 뒤에 다가올 세상을 생각하면 궁금증과 두려움이 교차한다.

25년간 교육회사에서 몸담고 있는 者의 직업병일까, 커 가는 두 아이를 둔 부모의 마음일까.

우리 아이들이 살아갈 시대는 어떤 모습이며, 그 속에서 우리 아이들은 어떻게 살아갈까. 많은 예언과 주장이 쏟아져 나오지만, 어떠한 상황 속에서도 우리 미래의 일꾼들이 잘 살아냈으면 좋겠다. 잘 살아가야만 한다. 한 사람 한 사람이 모두 소중하니까.

필자는 이 책에서 어린 자녀를 둔 부모님들에게 꼭 전하고 싶은 이야기가 있다. 교과서적인 내용이 아니라 필자가 실제로 현장에서 아이들과 학부모를 만나며 느끼고 배운 내용들이다. 스무 살이 훌쩍 넘어선 두 아이의 성장을 보면서 많은 자랑거리는 없겠지만 주관 있게 실천한 자녀교육관들이다. 멋진 솜씨는 아니겠지만 솔직한 마음들이다. 필자의 스토리가 포스트코로나 시대에 우리 아이들이 살아내고 살아갈 돌파구와 필살기가 되어 구글과 아마존에서 필요한 인재가 되기를 바란다.

포스트코로나 시대, 세계 초일류 기업의 인재상에 주목한다.
구글은 '기술자'가 아닌 '사람'을 뽑는다!

78억 인류를 순식간에 위협에 몰아넣은 코로나19! 세계경제는 현재 세찬 태풍에 흔들리고 잠기고 있다. 우리나라는 이전부터 L자형 불황을 겪고 있어 경제 활력이 크게 위축된 상황이다. 기업들은 채용은커녕 현재 인력 유지도 어려워한다. 최고의 취업전쟁이다. 그러나 어떠한 위기상황에서도 기회의 틈을 만드는 者들은 생존이라는 선물을 손에 쥐었다. 초일류 기업의 인재상에서 답을 찾아보자. 일반 중소기업도 아닌 대기업도 아닌 세계적인 초일류 기업들이 사회에 미치는 영향력은 매우 크다. 그들은 세계경제사회의 패러다임을 만들고 바꾼다. 그들은 어떤 사람을 콘택트하고 있을까.

2020년까지 10년 연속 취업하고 싶은 외국기업 1위 구글의 에릭 슈미트 회장은 "똑똑하고 흥미롭고 열정적이며 우수한 사람을 찾으려고 매우 노력한다. 성공은 열정과 인내로부터 온다. 그런 사람들은 무언가에 관심을 갖고 포기하지 않으며 인내하고 열정을 다한다"라고 구글 인재상을 밝힌다.

이와 같이 세계 최고라고 불리는 기업과 학교들이 요구하는 인재상은 바로 경험, 글로벌 감각, 성실과 열정, 기본, 잠재적 가능성, 그리고 매너, 끈기라는 인성과 태도로 달라지고 있다. 이 변화의 본질은 비단 최고 기업들이나 스타트업 업계에서만 통하는 독자적인 내용이 아니다. 전 세계 어디에서나 소중하게 여기는, 인재라는 개념의 기본이고 보편적인 업무 방식이 되었다는 것이다.

Un-tact 시대에 사람을 On-tact 하는
가장 중요한 요지는 '인성과 태도'다.
실력은 기본이다.

일이라는 것은 가르칠 수 있지만, 인간성을 가르칠 수는 없다. 태도가 좋으면 일과 기술은 본인이 스스로 얼마든지 배울 수 있는 것이다. 물론 직장이나 사회에서 인정받기 위해 실력과 전문성은 기본이다. 우리는 성공이라는 목표 아래 그동안 공부를 참 많이 했고 시켰다. 세계적으로 공부를 잘하는 민족이기에 실력은 뛰어나다. 그러나 실력만으로 선택되는 시대는 아니다. 로봇과 AI의 4차 산업혁명 시대로 세상은 빠르게 바뀌어 가고 있다. 좋은 대학을 가기 위한 암기와 성적 중심의 교육에서 이제 21세기형 인재 육성을 위한 교육으로 바뀌어야 한다. 우리만의 영웅 리그전 'S·K·Y 상아탑'은 시대를 획기적으로 앞서가는 구글과 같은 회사에서는 더 이상 안 통한다.

인성과 태도는 성공의 공식이다.
아이가 당당히 살아내고 살아가는 힘의 원천이다.

코로나19 속에서 국민의 사랑을 한 몸에 받으며 시청률 35.7% 대기록까지 세웠던 '미스터트롯' 프로그램의 인기 비결은 '노래실력'만이 아닌 또 다른 이유가 있었다. 그들의 '인성실력'이다. 일반적으로 우리는 가수보다는 노래에 관심이 있다. 그러나 국민들은 '영웅 씨', '찬원 씨' 등 그 가수들을 좋아한다. 그 멤버들이 성격, 팀워크, 효심, 예의가 좋다고 공감했기 때문이다.

이 시대는 지금 하루하루가 힘들고 어렵다. 이럴 때일수록 사회는 '사람'에 더욱 주목을 하게 된다. 특히, 포스트코로나 시대는 비대면이 기준이다. 그러나 우리는 만나고 함께 일해야만 한다. 이전처럼 많은 사람은 아니다. 진짜로 필요한 사람만을 콘택트하고 콘택트될 것이다. 그렇다면 누가 주인공이 될까.

　더욱 치열한 전쟁을 당당히 치르고 이겨 낼 사람이 절대적으로 필요하다. 고객을 끝까지 만나려는 의지, 활발한 의사소통, 업무의 책임감, 수평적 관계의 예절, 빠른 실행, 유연적 사고가 넘치는 사람이다. 이러한 사람이 조직의 성공을 이끌어 낸다. 특히, 초일류 기업은 무엇보다도 팀워크를 가장 중요시한다. 이타적 엘리트를 원하는 것이다. 그런 상황을 탄탄하게 받쳐 줄 인재는 '인성과 태도'가 바탕이 되어 있다.

　이 인성과 태도는 좋은 회사 취업을 위한 충분한 성공의 조건과 공식이 된다. 어떠한 조직과 회사에서 싫다고 할 이유가 0.01%도 없을 것이다. 또한, 인성과 태도가 좋은 사람은 더불어 사는 사회에서 주위를 밝게 만든다. 아이의 내일을 걱정한다면 바로 아이의 사람됨을 채워 주어야 한다. 그렇게 키워야 한다. 더 나은 태도는 더 나은 내일이 보장된다. 착한 사람과는 다른 개념이다. 인성과 태도를 갖춘 아이들은 어떠한 상황 속에서도 당당히 살아내고 살아갈 것이다.

'가정에서 아이의 '습관그릇'을 탄탄하게 만들어야 한다.

"행동의 씨앗을 뿌리면 습관의 열매가 열리고, 습관의 씨앗을 뿌리면 성격의 열매가 열리고, 성격의 씨앗을 뿌리면 운명의 열매가 열린다." 습관에 대한 나폴레옹의 유명한 말이다.

인재들의 능력은 학습되는 것이 아니라 작은 일상들이 몸에 배도록 습관화하는 것이기에 가정에서도 충분히 준비가 된다. 좋은 습관이야말로 부모가 아이들에게 남겨 주어야 할 최고의 선물이자 유산이다. 작고 사소해 보이는 습관 하나하나가 모여 아이의 인성과 성적, 더 나아가 미래를 결정한다. 작은 실천의 위력이 아니겠는가. 가정에서 부모가 변해야 한다. 이전과 같은 성적만을 위한 교육은 좋은 인성과 태도를 갖춘 아이를 키울 수 없다. Pr6가 그 해답이 된다. 그리고 아이는 초등학교까지 꼭 필요한 습관 6가지가 있다. 그것을 Cr6에 담았다. 가정 실천백서가 될 것이다. 성경 말씀 중 '네 시작은 미약하였으나 네 나중은 심히 창대하리라!'처럼 습관학교인 가정에서 실천하는 Pr6와 Cr6는 살아내고 살아가는 힘을 갖춘 아이로 만들 것이다.

살아내는 힘을 위한 부모의 습관, Pr6!
자녀를 21세기 인성엘리트로 만든다.

나쁜 것은 아이가 아니다. 자녀교육은 성적이 아닌 성장으로 바꾸어야 한다. **자녀의 성장을 위해 이제 Pr6(Parents role 6가지)이다.** 첫째, 아이는 무서울 정도로 부모를 보고 배운다. 아이의 모델이 되어야 한다. 둘째, 아이를 관찰하면 답이 보인다. 아이들로부터 자녀교육법을 배워야 한다. 셋째, 자녀교육은 참고 기다려야 한다. 자식교육은 어른의 욕심에서 망친다. 넷째, 아이들의 풍부한 경험은 성인이 되어 본인 인생의 큰 자산이 된다. 다섯째, 자녀가 어떤 기질이 있는지를 알아야 한다. 그 아이에게 맞는 교육이 있다. 마지막은 자립을 위한 경제지원 기준이다. 언제까지 지원할 것인가. 이러한 6가지의 실천 내용은 자녀가 어떻게 '인성엘리트'로 만들어지는지 알게 된다.

**살아가는 힘을 위한 아이들의 습관,
Cr6! 자녀의 강력한 퍼스널 브랜딩을 만든다.**

티끌 모아 태산이다. 아이가 매일 어떤 일을 반복적으로 하느냐가 내일을 만든다. 습관이 그 사람을 만든다. **이제 Cr6(Child role 6가지)이다.** 첫째, 책 쓰기다. 한 줄 쓰기부터 시작하고 독서광으로 만들자. 둘째, 가정학습을 어떻게 하느냐가 주도적 학습자로 만든다. 셋째, 2~3초의 인사가 인생 20~30년을 좌우한다. 넷째, 작은 정리의 습관은 배려심과 자기관리로 발전한다. 다섯째, 꿈이 있는 아이는 좌절하지 않는다. 여섯째, 질문과 시선처리는 소통달인으로 만든다. 불치하문이다. 이러한 작은 습관들이 지금은 작지만 나중에는 큰 힘이 될 것이다. 인성은 태도로 보여진다. 가정에서 아이들이 매일 조금씩 하는 일에 의미를 부여하고 관심을 가지면 365일 뒤 아이는 바뀌며, 그 변화들은 그 아이에게 강력한 '퍼스널브랜딩'이 된다.

지금보다 더 많은 변화와 경쟁이 예상되는 아이들의 미래!
Pr6와 Cr6는 아이들에게 살아내는 힘과 살아가는 힘을 갖춰 주는 21세기 신사임당 가정교육법이다. 이 교육법이 아이들에게 '엘리트 인성'과 '퍼스널브랜딩 태도'를 만들어 주고, 구글과 아마존과 같은 초일류 기업에서도 마음껏 활동하며 행복한 삶을 꾸려 나갈 것이라고 확신한다

목차

프롤로그 – 포스트코로나 시대, 자녀를 인재로 만드는 Pr6 & Cr6!   4

1장 지금 新산업혁명이 일어나고 있다   15

1-1 가속화된 4차 산업혁명 시대
1-2 5년 뒤의 모습을 앞당긴 코로나19
1-3 아이들이 살아갈 초고령 사회
1-4 대학교육보다 중요한 평생교육

2장 코로나19 이후 교육의 미래를 본다   39

2-1 대학 학위 무용지물의 시대
2-2 '度' 넘는 청소년 폭력
2-3 바꾸거나 딛고 넘어야 할 시험
2-4 이제 '학력' 대신 '실력'
2-5 포스트코로나 시대의 미래교육 전환

3장 '옥석'을 만드는 것이 중요하다   73

3-1 미래 사회의 핵심 인재
3-2 인성과 태도로 리셋이 필요한 시대
3-3 '미스터트롯'이 인기가 있었던 또 다른 이유
3-4 함께 일하고 싶은 사람들

4장 살아내고 살아가는 힘, '습관그릇'을 키워 주자 99

4-1 아이들의 '습관그릇'을 가정에서 키워 주자
4-2 작은 습관부터 시작이다. 티끌 모아 태산이다
4-3 '습관그릇'은 재능이 아니라 '반복'으로 탄탄해지는 것이다
4-4 부모는 삶으로 말한다. 부모의 삶이 아이에겐 습관이 된다

5장 이제 살아내는 힘을 위한, Pr6다! 127

5-1 우리 부모가 거울이 되어야 한다 - 나쁜 것은 아이들이 아니다
5-2 자녀교육의 기준은 내 아이가 답이다 - 아이에게 배운다
5-3 부모의 기다림은 또 하나의 사랑이다 - 자녀의 주도적인 생활력을 키운다
5-4 초등 시절의 다양한 경험을 소중히 하자
  - 공부만을 위한 독방(獨房)에서 풀어 주자
5-5 내 아이가 '어떤 사람인지' 정확히 알아보자
  - 자녀의 인성검사, 적성검사를 놓치지 말자
5-6 자녀 학비지원 데드라인을 정하고 알리자 - 미래의 경제자립을 위한 시작이다

6장 이제 살아가는 힘을 위한, Cr6다! 175

6-1 책 속의 재미있는 한 문장을 PC에 저장해 보자
  - 책을 읽고 책을 쓰게 될 것이다
6-2 숙제(학습지)는 '내가, 정해진 시간에' 하자
  - 자기주도학습, 책임감과 규칙적 습관으로 연결된다
6-3 엘리베이터에서 '안녕하세요' 가게에서 '감사합니다' 인사를 하자
  - 인사를 잘 하는 사람이 사랑받는다
6-4 내 신발과 타월은 내가 가지런히 정리하자
  - 주변 정리는 타인에 대한 배려이고, 또 하나의 자기관리다
6-5 어른이 되어서 하고 싶은 것이 무엇인가
  - 꿈이 있으면 진로가 명확하고, 행복한 길을 걷게 된다
6-6 모르면 묻고 친구가 말하면 코를 보며 듣자 - 적극적인 배움과 경청의 태도가 된다

에필로그 222

> 新 4차 산업혁명 시대!
> 이제 빛나는 졸업장의 시대는 어제의 일이다.

1장
지금 新산업혁명이 일어나고 있다

1-1

가속화된 4차 산업혁명 시대

　모든 일에는 빛과 그림자의 양면성이 있다.
　인공지능이 생활 속 편리함이라는 빛을 주는 반면 인간만이 할 수 있다고 여겼던 고유 영역들을 대체해 나갈 것이라는 그림자도 보인다. 결국에는 우리 일자리까지 위협해 인공지능과 생존 경쟁을 하는 현실이 펼쳐질지도 모른다는 이야기다. 미래학자 토머스 프레이는 "앞으로 15년 후까지 대학의 절반가량이 문을 닫을 것이다"라고 경고하고 있고 세계경제포럼은 "현재 초등학생이 갖게 될 일자리의 65%가 현재는 존재하지 않는 전혀 새로운 일자리가 될 것이다"라고 전망한다. 어쨌든 4차 산업혁명이 가져올 혁신적인 변화가 생사의 기로에 가까운 선택지를 들이밀고 있다.

　수세기 전 유럽과 미국에 대규모 공장 내에서 반복적인 조립라인 작업을 대신해 주는 새로운 기계가 등장했다. 그리고 그 기계의 개발을 통해 대량생산이 가능해지면서 산업혁명이 일어났다. 이 산업혁명은 노동력을 특정 위치, 엄격한 근무시간에 묶는 역할을 했으며, 국가가 농촌에서 도시로 대량 인구이동을 시킴으로써 근본적인 사회변화를 촉발했다. 산업혁명은 생산라인이 있는 공장으로 사람들을 끌어들여 일어났다. 산업혁명 이후 인간의 삶은 완전히 변했다. 농촌 인구의 도시 유입과 제조 공장 주변에 아파트 단지 등 주택이 들어서서 도시를 이루었다.

이제 코로나19 이후 세계에는 신산업혁명이 일어나고 있다. 생산라인도 없는 서비스 산업 시대에 수백만 명이 재택근무를 시작했고, 이제 사무실만이 일터가 아닌 시대가 되었다. 지식경제 전반에 걸쳐 완전히 새로운 산업혁명이 일어나고 있는 것이다.

지식경제 비즈니스의 기반이 되는 인터넷 및 소프트웨어 도구는 직원들이 동시에 같은 장소에서 함께 작업해야만 할 필요성을 완화시켰다. 특히 IT 기업들이나 스타트업들이 생산적인 원격근무를 현실로 만들어 준 커뮤니케이션, 협업 및 프로젝트 관리도구의 개발에 박차를 가하면서 이러한 추세를 주도하고 있다.

4차 산업혁명은 결국 기술의 문제를 넘어 사람의 문제이다. 인공지능은 인간을 대신하고 있다. 일자리가 변하고, 기업이 원하는 인재의 기준이 변하고, 조직구조가 변한다! 일하는 방식이 바뀌고, 조직문화가 바뀌고, 리더십이 바뀐다! 우리가 안정적일 것이라 굳게 믿는 전문직 직업들도 현재 위기에 처해 있음을 냉정하게 인식해야 한다.

그렇다면 우리는 어떻게 해야 할까?

세계경제포럼은 '일자리의 미래(The Future of Jobs)' 보고서를 통해 제4차 산업혁명 시대에 요구되는 인재상을 발표했다. 2015년과 2020년 사이의 변화 흐름을 보면 우리 자녀의 교육방향이 보인다.

2020년(4차 산업혁명)	2015년(3차 산업혁명)
1. 복합문제 해결능력	1. 복합문제 해결능력
2. 비판적 사고능력	2. 협업능력
3. 창의력	3. 인적자원 관리능력
4. 인적자원 관리능력	4. 비판적 사고능력
5. 협업능력	5. 협상능력
6. 감성능력	6. 품질관리 능력
7. 판단 및 의사결정 능력	7. 서비스 지향성
8. 서비스 지향성	8. 판단 및 의사결정 능력
9. 협상능력	9. 적극적 경청능력
10. 인지적 유연력	10. 창의력

주목할 것은 제3차 산업혁명 시대와 제4차 산업혁명 시대 모두에서 인재들에게 가장 필요한 역량으로 '복합문제 해결능력'을 선정했다는 점이다. 이것은 이미 정해진 답이 있는 문제들을 암기하여 짧은 시간에 많이 맞추는 능력이 아니다. 정답이 없는 문제들을 다양한 시각과 시도를 통해 바라보고, 가장 적합한 해답을 찾아가는 능력이다. 이것을 두 시대가 가장 첫째가는 인재상이라고 보는 것이다.

그리고 두 번째 역량으로 '비판적 사고능력'은 제3차 산업혁명 시대의 협업능력과 인적자원 능력을 제치고 두 계단 상승하였다. 이는 제4차 산업혁명 시대에 우리가 해결해야 하는 대부분의 문제가 기존에 존재하지 않았던 전혀 새로운 문제이기 때문이라는 것이다. 그리고 세 번째 '창의력'은 일정한 주제나 상황이 주어졌을 때 기발한 아이디어를 도출해 내거나 문제를 해결하는 과정에서 창의적 방법을 제안하는 능력이다.

  이렇게 보면 제4차 산업혁명 시대의 인재가 갖춰야 할 3대 핵심역량인 복합문제 해결능력, 비판적 사고능력, 창의력 모두 새로움에 대한 역량이 된다. 클라우스 슈밥이 언급했듯이 제4차 산업혁명 시대에서는 고정된 사고가 아닌 유연하면서도 비판적 사고가 필요하고, 빠른 문제해결이 요구되는 시대를 대비해 우리 모두가 해야 할 일이 많고 시급하다는 것이다. 특히 교육 분야의 전면적 개혁의 필요성은 누구나 짐작할 수 있다. 새로운 일자리를 창출해 낼 수 있는 창의력을 갖춘 인재와 새로운 일자리에 맞는 능력을 지닌 인재를 지금의 교육제도와 방법 그리고 교육 내용으로 길러 내기가 어려울 것이다.

  빨리 읽고, 해석하고, 외우고, 계산만 하는 능력으로 평가하는 지금의 교육 시스템만으로는 인공지능과의 경쟁에서 더 이상 살아남을 수 없게 되었다. 오히려 외부적 평가에 주눅 들지 않는 자존감, 시대의 아픔에 공감할 수 있는 공감능력, 미개척 분야에 자신감 있게 뛰어들 수 있는 도전정신, 그리고 무엇보다도 변화에 능동적이고 적극적으로 대응하여 살아가는 인간 고유의 능력을 키워야 할 시대가 이미 우리들 앞에 와 있다.

가속화되고 있는 4차 산업혁명 시대에서 우리 아이들의 천직은 '찾는 것'이 아니라 '키워 나가는 것'이다. 이것이 지금 일어나고 있는 新산업혁명 시대에 살아가는 힘이 될 것이다.

5년 뒤의 모습을 앞당긴 코로나19

   마스크에 가려진 세상, 대면이 금지되는 세상, 산업과 경제가 뒤집히는 이러한 시대는 세계의 역사를 구분할 때 사용했던 기원전(BC)과 기원후(AD)의 기준도 '예수그리스도의 탄생'에서 '코로나19'로 바뀌어 코로나 전(BC, Before Corona)과 코로나 후(PC, Post Corona)라는 의견도 제기된다. 그만큼 이번의 변화는 지구촌이 전례 없는 변화를 겪으며 새로운 표준이라고 하는 뉴노멀(New Normal) 시대를 만들고 있다.

   전통적 대면 서비스는 물러나고, 온라인 서비스가 그 자리를 메꾸고 있다. 이제 원격의 시대, 온라인의 시대가 성큼 다가와 버렸다. 이 변화는 낯설지 않으나 '자고 일어나 보니 달라진 모습'이다. 이 온라인 교육프로그램은 이제 화려할 정도이다.

   이처럼 코로나19는 1년의 시간을 넘기면서 우리가 살고 있는 세상의 체제를 뿌리부터 흔들어 놓았다. 자연환경, 산업과 일자리, 국가와 정치, 금융과 부동산, 교육, 삶의 방식과 태도까지 모든 면에서 원하든 원하지 않든 변화가 요구된다. 변화하는 세상을 거부할 것이 아니라, 누구보다 빨리 그 변화를 받아들이고 적응하는 지혜와 기민함을 발휘해야 할 때다.

교육계를 시작으로 다방면의 변화가 하루아침에 다가왔다.

이 사태가 해결되더라도 사람들은 모이는 것을 꺼려 하고 전통적인 근무 형태는 서서히 변화 될 것이다. 종전에는 도심의 거대한 오피스 빌딩에 수많은 사람들이 함께 모여 일했지만, 지금은 사무실은 베이스캠프 역할을 하고 많은 업무가 재택근무와 화상회의 등으로 이루어지고 있다. 이는 교육 분야에서도 마찬가지다. 원격수업이나 온라인 강의가 훨씬 활성화되었고, 초등학생도 낯설지 않은 교육 형태가 되었다. 이로 인해 언택트(untack) 문화는 본격화하고, 온라인을 통한 초연결 사회가 시작되었다.

전 세계는 사상 최대의 취업난을 겪으며 대학 졸업장의 가치가 퇴색하는 반면, 공신력 있는 온라인 교육이 뜨고 있다. 세계적 명성을 지닌 대학 교수들에게 최첨단 학문을 언제 어디서나 손쉽게 배울 수 있기 때문이다. 뿐만 아니라 가성비 좋은 강의료, 효율적이고 철저한 교육 관리 시스템, 양질의 교육 콘텐츠를 제공한다. 인터넷이 되는 곳이라면 어디서나 최고 품질의 강의를 들을 수 있다. 나의 의지가 관건일 것이다.

온라인 교육, 새로운 것은 아니었다.

큰 변화가 온라인 교육, 홈 에듀케이션이다. 사상 초유의 온라인 개학과 개강이 실시되면서 미래의 일이라고만 여겨 왔던 원격수업이 초등학교부터 대학교까지 이뤄지게 된 것이다. 그러나 이 원격수업은 전혀 새로운 것은 아니었다. 최근 평생교육이 확산되면서 성인들은 이미 활용하고 있었다. 그러나 이제는 모든 학생에게 선택이 아닌 필수가 되었다.

아이들의 가정학습도 온라인 학습 프로그램의 회원이 급증하면서 스마트 시대가 활짝 펼쳐졌다. 에듀테크(Education + Technology)의 시대임에 틀림이 없다. 스마트 학습의 형태도 매우 다양하게 선보이고 있다.

이 변화는 21세기 교실을 향한 큰 걸음이 되었던 것이다. 어차피 갈 길이었다. 오프라인 교육의 부족한 부분을 채워 교육의 완성도를 높이는 또 하나의 기회가 될 것이라는 현장 교사들의 의견이 나온다. 일반적인 '1:다수'의 학습에서 온라인을 활용한 '1:1' 학습법은 개인에게 필요한 교육을 하는 개인별 능력별 학습을 실현하기에 좋은 교육방식이다.

이런 흐름과 맞물려 우리나라에서도 대학 학위 무용론이 수면 위로 떠올랐다. 단지 대학 학위를 따기 위해 초·중·고 12년 동안 입시교육에 매달려 상아탑에 갇히길 원하는 학생도 부모도 더 이상은 없다. 이미 전 세계적으로 학위보다는 실질적인 업무 능력을 더 중요시하는 추세다. 변화하는 세상을 리드할 수 있도록 필요한 역량을 제대로 배우고 효과적으로 활용하는 것이 중요하기 때문이다.

집의 개념과 가정의 문화가 바뀌고 있다.

이제까지 집은 가족과 함께하는 휴식의 공간이었다. 그리고 잠깐 잠깐 서로 만나서 확인하고 내일을 위한 준비의 장소이기도 했다. 그러나 이제 휴식과 준비가 아닌 '기능과 작업'을 하는 장소, 즉 홈그라운드(Home Ground)의 이미지가 되고 있다. 앞에서 언급했듯이 아이들은 집에서 노트북, 태블릿으로 학교 선생님과 학원의 수업을 듣는다. 직장인들은 재택근무가 확산되면서 노트북과 핸드폰으로 집에서 업무를 처리한다. 각자가 다양한 취미활동을 하고 홈트레이닝 운동에도 적극적이다. 육아로 인해서 일을 병행하기가 어려운 우수인력에게도 이제 좋은 기회가 될 것이다.

집에서 가족들이 함께 있는 시간이 많다 보니, 처음에는 또 하나의 사회가 형성되면서 불편함도 있었지만 서로를 더욱 관찰하게 되고 알게 되면서 시너지 효과가 나고 있다. 필자는 최근 집밥을 자주 먹다 보니 요리를 하는 기회도 잦아지고 있다. 주말에는 짜파구리, 불맛라면, 숙주대패삼겹살, 김치찌개, 돈가스 등 유튜브를 통해 배워서 알바에 바쁜 아이들을 위해 요리를 해 주고 있다. 닭볶음탕은

제일 자신 있는 요리이기도 하다. 또 하나의 행복이기도 하다.

혼자 있는 시간을 어떻게 효율적이고 효과적으로 활용할 것인가가 중요하게 되었다. 자기주도적인 시간관리가 필요하다는 것이다.

이제는 집에서 우리가 무엇을 어떻게 할 것인가가 포스트코로나의 살아가는 방식이 되고 있다. 소파에 누워 TV 보고, 주말에 늦게까지 잠자고, 편안하게 쉬는 것이 아니라 공부, 취미, 일과 같은 나의 생활과 작업을 짜임새 있게 해 가는 방식이다. 결국 이것은 자신의 시간과 공간을 만들고 유지해 나가는 컨트롤의 힘이 필요하다. 그리고 좁은 공간에서 함께하는 상호배려와 이해가 필요하다. 학교와 직장에서 했던 일들이 집이라는 공간에서 이루어진다는 것이다.

코로나19는 우리가 숨어 살게 하는 것이 아니다. 어떻게 보면, 우리 인간을 좀 더 성숙하게 만들기 위한 자성의 시간과 우리 인간을 좀 더 행복하게 이끌어 주기 위한 돌봄의 기회라는 생각도 든다. 보통 50대 이후에 자신의 건강에 관심을 갖게 된다. 보통 60대가 될 때 삶의 여유를 가지고 주변을 돌아본다. 이러한 자신에 대한 관리와 타인에 대한 배려의 마음을 40대와 50대로 이 코로나19가 앞당기고 있는지도 모른다.

남이 보지 않는 혼자의 시간에서 나를 더욱 충실히 다스려 간다면 더 좋은 학습과 업무의 결과가 있을 것이다. 코로나19는 우리 스스로에게 좀 더 자신의 길을 조심스럽게 나아가는 힘을 갖게 하는 것이 아닐까. 특히, 혼자의 시간이 많아지는 포스트코로나의 시대에서 아이들에게는 자립하는 습관을 더욱 빨리 갖게 하고 있다. 이미 시대의 흐름을 잘 타서 가정에서 자기주도적으로 온라인 학습, 자기 공부를 잘하는 아이도 있지만, 이전의 습관의 미숙으로 아직도 어색한 아이들도 보인다.

아이들이 살아갈 초고령 사회

얼마 전의 일이다. 84세 할아버지가 테니스장에서 코치에게 서브를 강하게 넣고 싶은데 잘 안 된다면서 투정을 하시는 거였다. 코치는 "할아버지는 불가능해요"라고 말 못 하고 에둘러 말하지만 할아버지는 레슨비를 내었으니 할 수 있게 해 달라는 거였다. 80대 어른이 레슨을 받는다는 것을 이전에는 상상이나 할 수 있었겠는가. 테니스클럽에 가면 나는 거의 막내 수준이었다. 58년 개띠 형님들과 주축이 된 50대 후반부터 60대 분들의 막걸리 심부름하기 바빴다. 어느새 우리 주변에는 유모차는 적고 '실버 카'와 반려견이 많아지고 있다.

지금 84세인 장모님은 무릎이 안 좋아 수술까지 했지만 혼자 걷는 것이 어렵다. 잇몸은 너무 약해져도 틀니도 할 수 없는 상태니 남은 2개의 치아로 식사를 해야 하신다. 매번 죽이 식사다. 하얀 죽, 호박죽, 들깨죽이다. 언젠가 농담 삼아 필자한테 "막내 사위야, 나 죽으라고 죽만 주네" 하며 웃지만 가슴 아픈 현실이다. 시골에는 하루를 보내는 노인, 객지에는 하루를 싸우는 자식들의 모습은 그 자체가 현실이다. 이러다 보니, 처갓집 6남매가 서로 당번을 정하여 매주 시골에 계시는 두 분께 반찬을 만들어 고속버스 편으로 보내 드린다. 그나마 이동이 가능한 장인어르신이 찾아와 냉장고에 넣고 꺼내 드신다. 허리도 많이 굽었지만 그나마 걸을 수 있기에 90에 가까워진 할아버지는 아내를 위해서 밥상을 차리고 치운다.

딸이라는 이유로, '비혼'이라는 이유로 홀로 짊어지게 된 노인돌봄 노동은 딸들을 지옥으로 밀어 넣는다는 소설 『장녀들』을 보면 앞으로의 초고령 사회에서의 사회적 이슈도 적지 않을 것 같다. "네가 시집가면 난 어쩌냐." 이 한마디가 10년 뒤, 20년 뒤 우리 아들과 딸들이 겪을 사회를 생각하게 한다.

우리 사회는 지금 한참 나이가 들어 가고 있는 Aging Society다.

그것도 인류 역사상 가장 빠른 속도로 진행되는 것이 한국의 초고령화다. 65세 이상 인구가 전체 인구의 7%를 넘을 때, 즉 14명 중 1명이 노인인 경우는 고령화 사회. 14%로 7명 중 1명이 노인인 경우는 고령 사회. 20%를 넘어 5명 중 1명일 때는 초고령 사회라고 UN이 정한 고령화 기준이다. 우리나라는 2019년 고령화지수가 14.3%로 이미 고령 사회이며, 2025년이면 20%로 초고령 사회로의 진입을 예측한다. 지금부터 멀지 않은 일이다.

평균수명이 증가하는 이유는 몇 가지 있다. 가계수입이 증가하면서 몸에 좋은 음식을 먹고, 돈 걱정이 적어지고, 발달한 의학의 혜택을 적시에 받을 수 있으며, 건강한 생활패턴의 변화를 꼽을 수 있다. 2018년 기준으로 우리나라 기대수명은 82.7년(남자 79.7년, 여자 85.7년)으로 OECD 국가의 평균(80.7년)보다 2년 길었다.

또 하나 우리나라가 빠른 Aging Society가 되는 주된 원인이자 문제는 출산율의 하락이라고 한다. 현재 OECD 국가 중에서 출산율은 가장 낮은 것으로 파악된다. 2018년 말, 한국의 출산율은 0.95명까지 하락했고, 이로 인해 6~12세의 학령인구가 2010년에 990만 명이었지만, 2050년이면 460만 명까지 줄어든다는 전망이다. 이것은 지난해 초등학교 교원 1인당 학생 수는 14.6명으로, 2000년(28.7명) 대비 절반 수준으로 이어졌다.

출산율의 저하 추세는 경제 불황 및 시대 변화와 여성 사회 참여 등 다양한 이유의 결과라고 본다. 통계청이 발표한 '2019 한국의 사회지표'에 따르면, 우리나라 국민 10명 중 3명은 결혼 후 자녀가 없어도 된다고 생각하는 것으로 나타났다. 남자에 비해 여자들의 생각이 더 강했다. 2018년 첫 자녀를 출산한 어머니(모, 母)의 평균연령은 전년보다 0.3세 높아진 31.9세였다.

이렇게 인구구조의 변화는 우리가 알게 모르게 현실이 되었고, 빠르게 오고 있다.

그러나 평생교육 관련해서 공부를 한 경험으로 보면, 이 고령 사회에 대한 사회적 이해와 국가적 준비, 그리고 무엇보다도 노인에 대한 바른 이해의 수준은 상당히 낮은 것 같다. 실제로 노후준비를 제대로 못 해서 은퇴 이후 경제적인 어려움은 물론이고 건강을 잃고, 외로움 때문에 심각한 우울증에 빠지거나, 아무도 찾지 않아서 혼자 죽음을 맞는 고독사도 꾸준히 늘고 있다. 100세 시대를 바라보고 있는 대한민국이 OECD 국가 중 노인 자살률 1위의 불명예를 안고 있다. 그렇다고 고령화라는 것이 반드시 어둡고 부정적인 것만은 아니다. 실버 산업이 차세대 산업이 된다는 주장도 설득력이 있다.

또한 중앙일보 기사에 의하면 노인으로 접어드는 55년생에 한 해에 종합복지비는 최소 6조 원이라고 한다. 베이비부머의 막내 격인 63년생이 65세가 되는 2028년에는 55~63년생이 한 해 최소한 55조 원가량의 복지비용을 쓸 것으로 추정된다. 노인 의료비가 폭탄을 맞는다. 세금으로 해결해야 하는 것이다.

우리 아이들이 살게 될 초고령 사회는 어떤 모습이고, 우리 아이들은 어떻게 대처할까?
미래학자 최윤식 박사는 '3개 인구구조 변화'라고 지칭한 저출산,

고령화, 평균수명 연장이 한국의 미래 일자리와 직업에 오랫동안 영향을 줄 것이라고 말한다. 이 3가지는 젊은 시장에서 중장년 시장으로 일자리를 이동시키고, 소도시에서 대도시로 구도심에서 신도심으로 일자리를 이동시킨다는 것이다. 다양한 일들이 지금도 일어나고 있다.

노인문제는 노인에게만 국한된 것이 아니라 사회 전체와 관련된 모든 세대의 일이다. 따라서 '노인문제'라는 표현보다 '고령화 현상'이라고 하는 것이 맞다. 어쨌든 고령화는 선택의 문제가 아닌 이미 우리 앞에 던져진 문제이고, 미래의 문제가 아닌 우리 앞에 와 있는 현실적인 문제라 할 수 있다. 그러는 의미에서 '웰빙(well-being)'을 넘어, 아름다운 죽음을 맞이하는 '웰다잉(well-dying)'과 은퇴 이후 행복한 노년을 위한 인생설계인 '웰리타이어링(well-retiring)'이 화제가 되는 것은 시대적 흐름과 무관하지 않아 보인다.

우리 사회는 바로 5년 뒤부터 5명 중 1명이 65세 이상의 할아버지 할머니와 함께 살게 될 것이다. 우리 아이들은 어떻게 그 사회를 맞이하고 살아갈 것인가 궁금하고 기대된다. 코로나19로 인해 가장 안타까운 분들이 65세 어르신들이었다. 그러면서 건강과 자기관리에 대한 관심은 더욱 빨라지고 있다.

그분들에 대한 사회와 가족의 관심도 더욱 요구되고 있다.

시골에 사시는 어르신들이 도시에 사는 자식들의 집에 오셔도 자식들이 원하는 만큼 그렇게 즐겁고 편안한 시간을 보내는 것은 아닌 듯하다. 언제인가 장모님께서 필자 집에서 2주일간 머물다 내려가신 뒤 실감하며 쓴 메모를 옮겨 본다.

이제야 알았습니다
이계선

집에 다녀가신 장모님이 생각납니다
소파에 혼자 앉아
장모님께서 하셨던 것처럼
무릎에 팔꿈치 얹고
텔레비전을 봅니다

그런데, 이상하네요
배우들이 웃고 말하는데
들리질 않아요

식탁에 앉아 저녁을 먹으며
가족들과 이야기를 나눕니다
다들 예쁘고 멋있네요
웃음소리도 크고요

아!
장모님께서, 텔레비전을
싫어하는 이유를 알았습니다
장모님께서, 식탁을
좋아하셨던 이유까지 알았습니다

늦었지만, 이제야
장모님 마음을 알았습니다

대학교육보다 중요한 평생교육

저녁 8시가 넘어가면 책상에 앉아 있는 나의 눈꺼풀은 어느새 내려오고, 강사는 참고 참아서 대학교만 들어가면 너의 인생은 달라질 것이니, 이 악물고 공부하라고 소리를 치곤 한다. 공부에 힘이 들 때면, 가까운 대학에 가서 낭만적 풍경을 보고 가슴에 담아 와서, 낮에 더 열심히 일하고 밤에 졸음을 쫓곤 했다. 그렇게 들어간 대학교 1학년은 그냥 하고 싶은 일 다 하면서 놀기에 바빴다. 대학은 낭만의 모델이었고, 자유의 아이콘이었다. 주변과 선배들도 1학년 때는 실컷 즐기라고 부추긴다. 그러나 군대를 다녀와서 현실을 깨닫고 이게 아니구나 하고 눌러앉아 있는 곳이 도서관이었다. 그래서 예비역 아저씨들은 동아리, 모임, 행사 모든 것을 뒤로하고 토익, 토플, 공무원시험 등으로 바쁜 일과를 보낸다.

대학을 졸업하고 취업을 하고 나니 이것은 또 다른 전쟁이다. 아이디어며, 기획이며, 발표며, 문서 작성이며 내가 아는 만큼 보이고 아는 만큼 결과로 연결되는 것이었다. 그래서 직장인은 책을 읽고 어학학원을 다니고, 온라인을 통해서 각자가 부족한 점, 또는 발전시키고 싶은 내용을 공부한다. 하지 않고 그냥 있으면 처지는 것은 순식간이다. 다른 사람은 치고 나가니 상대적으로 나는 더 처지는 것이 된다. 이것이 80번대 학번까지 겪었던 시간의 흐름일 것이다.

그럼 지금과 앞으로는 어떻게 될까?
우리 아이들의 시대에는 학교와 공부라는 것이 어떻게 될까?

코로나를 기점으로 교육방식은 이미 온라인으로 변화를 앞당겨 버렸다. 이제 온라인을 이용한 교육은 누가 언제 어떻게 활용하느냐가 관건이 되었다. 선택의 여지가 없는 상황이 되었다.

이제 등교와 하교를 하면 다니는 6·3·3·4 습 16년의 교육이 다는 아니다.
2020년 모든 것의 변화 속도는 '빠름과 다양성' 그 자체다. 정보와 지식의 양은 담을 수 없을 정도로 많이 쏟아져 나온다. 이에 비행기로 오고 가는 세계의 시장은 끝이 난 듯하다. 더 빠르게 인터넷과 화상으로 해결하고 있다. 희사에서도 해외출장은 이제 사라져 간다. 화상미팅이 경제적, 시간적인 측면에서도 좋고 업무처리와 운영 측면에서도 큰 문제가 없다. 단지, 회의 전후 서로 밥과 술이라고 하는 접대가 없을 뿐이다. 이런 것도 이제 추억의 책장으로 불과 몇 달 만에 사라졌다. 산업의 패러다임이 바뀌고, 인간의 평균수명도

100세를 넘어설 기세다. 60세에서 65세로의 정년 연장 필요성 이야기가 슬슬 연기처럼 피어오른 지 꽤 되었다. 이제 80년 이상을 일해야 먹고사는 시대가 오고 있다.

新 4차 산업혁명 시대!
이제 빛나는 졸업장의 시대는 어제의 일이다.

이전에는 멋진 유명 대학교의 졸업장이 빛났지만 이제는 좋은 대학 출신이라는 명함 자체가 필요 없게 될 것이다. 지금도 관심이 별로 없다. 지금 이 시각, 이 상황에서 똑똑하고 문제해결을 잘하는 능력이 명문대를 대신한다. 시대의 흐름에서 고등학교 졸업 후 곧바로 대학에 가지 않고 하고 싶은 것을 하겠다는 아이들과 그것을 적극 지원하겠다는 부모들의 소식을 내 주변에서 보고 듣는다. 마음만 먹으면, 돈만 있으면 대학 졸업장은 언제든지 취득할 수 있는 원격대학이 수없이 많은 세상이 되었다.

현재 평생교육법은 1999년 8월에 평생학습법에서 변경되어 제정되었다. 제도로는 평가인정을 받은 학습과정을 마친 자들에게 학점인정을 통하여 학력인정과 학위취득의 기회를 주는 학점은행제, 국민의 개인적 학습경험을 종합적으로 집중 관리하는 평생학습 계좌제, 국민의 평생에 걸친 학습권을 보장하기 위해서 평생교육의 현장 전문가를 두는 평생교육사 제도가 있다. 원하면 누구든지 자유롭고

개인의 맞춤학습이 가능하도록 제도적으로도 준비가 되어 있다. 더 많은 새로운 제도와 프로그램들이 활개를 칠 것이다. 이미 치고 있다.

新 4차 산업혁명 시대!
이제 대학교까지만 공부하는 시대는 끝났다.

대학교에서 아무리 많이 공부하고 연구했다 한들 그 지식이 3~5년이 지나면 고전지식이 되거나 하나의 사례로 남게 되는 시대다. 어제의 지식이 되는 것이다. 그 지식마저도 컴퓨터와 로봇이 대체하고 일자리마저 빼앗기도 있는 상황이 되고 있다. 배움이 멈추면 살아갈 수 없는 시대이다. 변화에 적응하고 따라가기 위해서 알아야 할 것, 배워야 할 것이 시시각각 나온다. 이유는 딱 한 가지다. 변화가 많기 때문이다.

변화에는 새로운 것들이 포함되어 있다. 배워서 알아야 그 변화를 앞서지는 못할지언정, 최소한 쫓아갈 수는 있기 때문이다. 이제 대학교까지 공부하는 시대는 끝났다. 대학을 졸업한 후에도 책은 계속 보아야 한다. 더 보아야 할지도 모르는 내일일 수도 있다.

평생교육이다.
배움의 연속이다.

이제 평생교육은 단순한 교양이나 외국어 회화의 개념이 아니다.

평생 공부한다는 것은 행복일 수도 있지만 한편으로는 매우 어려운 일이기도 하다. 그러나 이 시대를 '평생학습 시대'라 부르는 이유는 모든 사람이 평생 계속해야 하는 삶의 필수 요소가 되었기 때문이고, 학습 내용도 빠르게 변화하는 지식과 정보와 기술 재교육을 통한 생존의 수단이기 때문이다.

우리는 그동안 성공이라는 목표 아래 공부를 참 많이 했고 시켰다. 세계적으로 공부를 시험공부를 잘하는 민족이다. 그러나 실력만으로 선택이 되는 시대는 이제 아니다. 新 4차 산업혁명의 시대에서 우리 아이들이 공부를 '평생을 두고 나를 짓는 일'이자, '평생을 자기로 살 수 있는 용기를 얻는 일'이라고 생각하며 즐겁게, 그리고 꾸준하게 하는 본인들의 시대가 되면 좋겠다.

> 포스트코로나, 이제 공부의 개념은
> '학력'에서 '실력'과 '배움'이 되어야 한다.

2장

코로나19 이후 교육의 미래를 본다

2-1

대학 학위 무용지물의 시대

    교육에서도 변화가 상당하다. 특히 대학 학위 무용론이 대두되고 있는 것에 주목해야 한다. 2020년 7월 구글, 마이크로소프트 등이 대학교 졸업생을 필요로 하지 않으며, 그들이 만든 3~6개월의 기술 과정을 수료해야만 원서를 낼 수 있다고 발표했다. '포춘 100대 기업' 중 대학 졸업장을 기피하는 기업은 절반이나 된다.

    2017년 하버드 경영대학원 클레이튼 크리스텐슨 교수는 "10년 안에 미국 내 절반의 대학이 파산한다"라고 말했다. 코로나 사태 이후 그 속도는 더 빨라지고 있다. 하버드대학교 경영학 석사 과정의 지원율은 1년 전과 비교해 4.5% 하락했다. 다른 곳도 마찬가지다. 테슬라 CEO 일론 머스크도 "일하는 데 학위는 필요 없다. 학력 대신 실력을 보겠다"며 대학 졸업장 대신 코딩 테스트로 인력을 채용하겠다고 선언했다. 이제는 유명 대학의 졸업장이 아니라 실제 업무에 필요한 능력이 더 중요시된다는 의미다.

이러한 변화가 예상되는 상황에서 우리의 현실은 어떠한가? 성인들이 살아가는 길은 직업 속에서 일의 보람과 경제적 보상을 가지고 좋은 사회를 만들기 위해 함께 노력하는 것이라고 본다. 그렇다면 학생들이 살아가는 길은 학교를 다니며 새로운 지식과 선인들의 지혜를 배우고, 내일의 꿈을 만들고 키워 나가기 위해 성장하는 것이 아닐까? 그리고 성인이나 학생이나 모두가 추구하는 것은 '행복'이라는 이름이다.

　그러나 540여만 명의 초·중·고 아이들은 학교에서 그들의 꿈을 즐겁게 키워 나가고 있을까? 그들은 행복할까? 이 질문에 답을 생각하기 전에 우리나라 교육의 현실과 자료를 보면, 그러한 질문이 의미가 없을 정도이다.

　청소년 정책연구원에 따르면 2018년 조사에 참여한 **학교 밖 청소년 2천522명 가운데 39.4%는 학교를 그만둔 이유로 '학교에 다니는 게 의미가 없어서'**라고 답했다. 2019년 조사에서는 46%가 같은 이유로 학교를 그만두었다.
　'공부하기 싫어서(23.8%)', '다른 곳에서 원하는 것을 배우기 위해(23.4%)', '학교 분위기가 나와 잘 맞지 않아서(19.3%)', '심리·정신적 문제(17.8%)'가 이어진다. '검정고시 준비(15.5%)', '내 특기를 살리려고(15.3%)' 등의 응답도 있다.

　또 학교 밖 청소년의 54.6%는 학교를 그만둔 후 후회한 적이 없다고 했다. 후회한 적이 있다는 응답 비율은 45.4%였다. 학교를 그만둔 결정을 후회하지 않는 이유로 가장 많은 이유로는 '자유 시간 증가(72.8%, 복수 응답)'가 꼽혔다. '하고 싶었던 일을 할 수 있다(69.4%)'는 응답이 두 번째로 많았다. 또 '학교 규칙과 통제를 벗어났다(35.1%)', '학업 스트레스에서 벗어났다(31.2%)' 등 답변이 그 뒤를 이었다.

우리 아이들이 있어야 할 학교, 즐겁게 다녀야 할 학교를 떠나고 있다. 떠나고서도 그 결정을 후회하지 않는다는 것은 우리 기성세대들은 어떻게 이해를 해야 하는 것인가? 학교를 다닐 의미가 없고, 하고 싶었던 일을 할 수 있어서 좋다고 하는 그들의 답변은 우리나라의 교육의 현실을 한없이 곱씹고 곱씹어 봐야 할 우리의 숙제이다.

왜 그들이 학교를 떠날까.

통계청자료에 의하며 2020년 우리나라 13~18세 청소년이 가장 고민하는 문제는 공부(46.5%)이며, 그다음은 외모(12.5%), 직업(12.2%)으로 나타난다.

그렇게 그들은 공부가 고민되고 싫은 것일까. 아닐 것이다. 우리가 그들에게 공부를 질리도록 한 것은 아닌지 우리 어른이 원하는 공부를 그들에게 억지로 시키는 것은 아닌지 생각해 보자. 그것이 대학이라는 꺼지지 않는 욕심학교이다. 강제로라도 시켜야 그나마 공부를 한다고 생각하는 부모에게 묻고 싶다. 우리 아이들이 스스로 삶을 선택하고 그에 대해 책임질 줄 모르는, 늘 의존하기만 하는 사람으로 성장하는 것에 대해 어떻게 책임질 것이냐고 말이다. 과연 대학이 공부의 마지막 목표가 맞을까.

  우리의 교육이 지나온 길을 바라보며 가진 것은 '안타까움'이다. 시도된 여러 가지 교육현실의 실패와 입시전쟁이 만든 공교육 붕괴 과정을 지켜보며 느낀 안타까움은 현재까지도 진행형이다. 우리나라의 좋은 학교란, 아이들을 좋은 대학에 많이 보내는 학교다. 학교의 방침대로 또는 부모의 바람대로, 대학입시에서 성공하기 위한 더 화려한 시험 보는 스킬을 아이들 머릿속에 주입하고 있다. 아이들은 청소년기 내내 좋은 대학이라는 대명제 아래 초등학교, 중학교, 고등학교에서 일관된 시험공부를 중심으로 시간을 보내게 된다. 낮에는 학교에서, 방과 후에는 학원 또는 도서관에서 학교 공부를 심화하거나 보충하면서 보낸다. 아이들의 재능을 끄집어내서 그들이 진짜 이 사회의 구성원으로서 당당하게 살아갈 수 있도록 디딤판 역할을 해 주는 것은 희망사항이 되었다.

  일류 학교 진학은 모두의 꿈이었지만 대부분이 이룰 수 없는 꿈이었다. 이것이 현실이다.

  그런데 학부모들이 학교를 바라보는 태도, 교육을 생각하는 방향,

자기 아이를 키우는 모습을 보면 모두 이를 세칭 일류 대학교나 안정적 직업을 보장하는 유명 대학과 유명 학과에 입학하는 것이 가능하다는 믿음에 바탕을 두고 있다. 그러나 일류 학교 진학이라는 믿음은 대부분 실현되지 못한다. 어느 순간 다수 학부모들의 마음은 서울에 있는 4년제 대학에 입학만 하면 좋다는 수준으로 조정된다. 객관적이고 냉정하게 생각하자.

앨빈토플러는 그의 저서 『부의 미래』에서 "기업은 시속 100마일로 변화하는 데 반해, 교육은 시속 10마일로 변화한다"라고 했다. 세상이 바뀌면 교육도 바뀌어야 하는 것은 당연한 것이다. 기술과 문화, 과학과 경제 등 세상이 급변하고 있다. 그런데 교육은 아직도 변화를 부르짖고만 있다. '시험 위주 능력주의' 문화 속에서 벗어나지 못하고 있다. 미래는 융합의 시대이다. 독불장군 식으로 혼자서는 성공할 수 없다. 그런데 한국의 시험 위주 능력주의는 '경쟁'을 조장한다. 전문가와 교류하거나 남과 협업하는 것을 기피하게 만든다. 주입식 교육과 획일적인 평가 방식으로 아이들은 똑같은 정답을 외우고 똑같은 시험에서 경쟁하면서 아이는 자신의 강점과 약점, 적성과 흥미를 찾아가는 기회마저 박탈당한다.

코로나19를 겪으면서 가장 큰 변화 중의 하나는 교육이라고들 한다. 그러면서 모두가 불안해하고 가슴 아파하면서 고등학교 3학년들은 수능을 또 맞이한다. 그들은 코로나 시대에 안타까운 사람들

중 한 부류이다. 더 안타까운 것은 그들이 억지로 해야 하는 대학 입학을 위한 시험공부다. 코로나19 이후의 교육을 생각하면서, 우리 청소년들이 진정한 미래의 삶을 위해 필요한 돌파구와 필살기는 무엇인지 고민만 하지 말고 과감한 변화의 길을 열어 가야만 한다.

'度' 넘는 청소년 폭력

　강릉에서 함께 술을 마시다가 5명이 한 사람을 7시간 동안 언어폭력, 몸에 침 뱉기, 가위 위협을 포함한 집단 폭행사건이 있었다. 또한 폭행현장을 촬영한 영상으로 소셜 미디어 스타가 되고, 합의금까지 뜯어내겠다는 생각까지 한 것으로 전해진 여고생의 실화는 우리에게 큰 충격을 주었다. 평소 어울려 지내던 사이였는데도, 술을 마셔 놓고 안 마신 것처럼 말한 게 너무 괘씸해서 그랬다는 것이다. "요즘은 개돼지도 그렇게 못 때린다. 어떻게 조폭 영화처럼 사람을 그렇게 때릴 수 있냐"며 재판 중 판사님이 호통을 친 대상은 소년법 폐지 논란까지 번질 만큼 사회적 공분을 일으켰던 부산 여중생 보복폭행사건 가해자들이었다. 그들은 버릇이 없다는 이유로 1차, 2차 장소를 옮기면서 피투성이가 될 때까지 친구를 때렸던 것이다.

　물론 일부의 사례이겠지만, 그렇게 공개되는 끔찍한 폭력성 사건들이 청소년에 대한 우려와 심각한 사회 문제로 부각되고 있다. '아이들은 싸우면서 큰다'라는 옛말과는 전혀 다른 차원이다. 학교폭력이다.

학교폭력이란 무엇일까? 학교폭력 예방 및 대책에 관한 법률에 따르면 폭행, 감금, 협박, 빼앗기, 모욕, 강제 심부름, 따돌림, 사이버 따돌림 등 신체적, 정신적 또는 물질적 피해를 주는 모든 행위라고 정의된다. 학교폭력은 보복이 두려워서 피해사실을 잘 알리지 않고, 만 10세 이상 14세 미만이면 형사처벌 없이 보호처분으로 대신하고, 만 10세 미만은 아예 보호처분 대상에서도 제외돼 형사 책임을 지지 않는다. 그들에게 무서운 형벌은 없는 셈이다. 학교폭력은 가해자도 피해자도 어린 학생이라는 점에서 매우 심각한 문제라고 할 수 있으며, 특히 피해 학생의 몸과 마음에 큰 상처를 입히고, 심할 경우 극단적인 선택에 이르게 하는 무서운 범죄이다.

교육부에서 발표한 '학교폭력실태조사'에 의하면 학교폭력을 당했다고 답한 학생은 2017년에는 3만 7,000명, 2018년은 약 5만 명, 그리고 2019년도에는 약 6만 명으로 계속 증가세를 보이고 있다. 그리고 학교폭력 피해학생은 10명 중 7명이 초등학생이었는데, 학교폭력을 저지른 이유로는 '먼저 괴롭혀서(29.7%)', '장난으로(17.7%)', '오해와 갈등으로(16.1%)', '마음에 안 들어서(13.0%)' 순으로 집계됐다. 폭력을 저지른 이유의 약 47%가 장난, 오해, 싫어서였던 것이다. 게다가 청소년 폭력의 69.5%가 백년지계를 꿈꾸는 교육의 요람인 학교 안에서 저질러지고 있다니 우리 학부모님들의 걱정은 이만저만이 아니다.

'욕'도 또 하나의 폭력, 언어폭력이다.

가끔 아이들의 이야기를 들어보면, 남녀 가릴 것 없이 '졸라', '존나', '씨발', '씨바' 등 듣기에 거북한 언어들이 계속해서 튀어 나온다. 한겨레신문(2018.10)에 의하면 어린이·청소년은 10명 가운데 4명꼴로 매일 한 번 이상 욕을 하는 것으로 나타났다. 또 욕에 대해 5명은 초등학교 때 배웠으며, 2명은 '꼭 필요할 때는 해야 한다'고 여겨 초등학교의 바른말 교육이 강화돼야 할 것으로 분석됐다. 욕을 하는 이유로는 습관(26.7%), 스트레스 해소(24.8%), 친근감 표시(20.3%), 남들이 쓰니까(8.7%), 그리고 센 척하고 싶어서(5.1%)도 있었다.

최근에는 스마트폰 보급이 늘면서 SNS를 통한 사이버 폭력도 갈수록 심각해지고 있다. SNS나 문자에 곧바로 답하지 않는다는 이유로 친구를 따돌리거나, 특정 학생 신상이나 거짓 정보를 불특정 다수에 공개해 피해를 준다거나, 채팅방에 초대해 욕설을 퍼붓고 채팅방에서 나가면 다시 초대하는 등의 행동을 반복하며 채팅방에서 벗어나지 못하게 하는 '사이버 감금' 등이 있다. 특히 사이버 공간에서 일어나는 폭력의 피해는 시간과 장소 제한 없이 집에 돌아와 잠자리에 드는 순간까지도 계속되기 때문에 심각한 문제로 떠오른다.

언어라는 것은 사람들의 마음이나 생각이 기호나 소리로 표현된 것이다. 따라서 언어폭력은 사람들 마음이 그만큼 거칠고 사나워진 것이니 마음을 부드럽고, 순하게 바로잡는 인성교육과 같은 노력이 필요하다. 그리고 TV나 인터넷 등의 영향도 무시 못 하지만, 아이는 평소 부모의 옆모습 혹은 뒷모습을 보며 배우는 게 더 많다는 것을 알아야 한다. 아이들의 언어는 바른 태도에서 나온다는 것을 명심하고 항상 자녀의 태도를 예의주시하여 완성된 인격체로 자라도록 도와야 한다.

 인터넷에 떠도는 중학교 한 주관식 시험문제다. '최근 청소년들의 폭력 관련 범죄 발생률이 높아지고 있는데, 청소년의 폭력성을 높이는 주요 원인을 1가지 이상 서술하시오. (5점)' 이것에 대한 어느 아이는 '과도한 학업 경쟁으로 인한 스트레스를 풀지 못하여서'라고 답을 했다. 오답으로 채점되었다. 모범정답이 '게임, 영상드라마 등에서 폭력적인 영상을 계속 접촉하였기 때문에'였던 것이다.

 그렇게 답을 한 아이는 우리에게 경고를 던지고 있다.
 청소년 폭력, 언어폭력의 문제는 우리나라만이 경험하는 어제오늘의 일이 아닐 것이다. 그러나 한참 공부를 하고, 꿈을 키우고, 자신의 빛나는 내일을 위해 준비하는 우리 미래인 청소년, 아이들이 이렇게 범죄와 같은 행위가 도를 넘고 있다는 것이 아픈 현실이다. 이러한 폭력의 원인은 어느 한 가지에 의한 것은 아니고, 아이기질, 가정환경, 학교 분위기, 사회 등의 복합적인 원인의 결과일 것이다. 그렇다고 우리가 그냥 쉽게 넘어가서는 안 된다. 가정에서 미리 막아야 한다.

그들이 원한 것은 '관심'과 '자존감'이었다.

　우리 아이, 우리 가정에서부터 노력을 해서 청소년 폭력이 더 증가되지 않도록 해 보자.
　어려서부터 아이의 의견을 잘 수용해 주고 지지해 주는 양육태도가 중요하다. 폭력자들은 타인을 공격함으로써 자신의 존재를 인정받으려는 태도를 보이는 경우가 종종 있기 때문에, 아이 스스로 자신이 얼마나 소중한 사람인지를 인식케 하는 것이 중요하다. 관심받지 못하고 부모의 강압적인 분위기 속에서 자란 아이들이 거리로 나와 정글과도 같은 생존 게임을 펼치게 되면서 집단폭력, 인터넷 사기 등과 같은 일들을 습관처럼 접하게 된다. 이것이 익숙해지다 보면 보다 큰 사건에 대해 아무렇지도 않은 태도를 갖게 되는 것이다.

　더 나은 미래 교육으로 가는 길목에서 청소년들이 서로 도와주고, 서로 배려하고, 즐겁게 소통하며 행복한 사회를 자신 있게 열어 갔으면 좋겠다. 그 시작은 가정교육이다. 공부만이 아닌 함께 살아가기 위한 '인성'에 관심을 가지고 부모의 역할을 해야 한다.

바꾸거나 딛고 넘어야 할 시험

시험이란 무엇인가?

받아쓰기로 우리 아이들의 시험은 시작된다. 구구단시험, 퀴즈, 단원평가, 교사별 평가, 쪽지시험, 중간고사, 기말고사, 수행평가, 상시평가, 수시평가, 종합평가, 구술시험, 모의고사. 그리고 수능시험에서 일단락 마무리된다. 그리고 다시 시작되는 대학과 사회에서의 각종 시험과 평가들이 기다리고 있다. 우리 삶에서 시험은 정리와 선별이라는 측면에서도 어쩔 수 없는 것 같다.

우리는 시험을 통해서 자기 실력을 꾸준히 점검하고 자신이 부족한 부분을 발견하고 보완하기도 한다. 또한 자기가 어떤 과목에 자신과 소질이 있는지, 그 수준이 어느 정도인지 파악하여 진로선택으로 연결한다. 시험은 집단에서는 과하지 않은 경쟁을 통하여 학습에 효과적인 촉진제로 작용이 가능하다. 그리고 배운 것을 꺼내 보는 '정보인출'의 역할도 되기에 내 것을 만드는 데에도 장점이 있다. 그러나 현실에서 그 의도가 충분히 반영되고 있는지는 나의 경험과 주변 상황을 보면 긍정보다는 우려의 목소리가 커져만 간다.

강남 8학군 중 명문 학교로 불리는 한 여자고등학교에서 교직원의 두 딸이자 2학년 재학생 자매가 각각 문·이과 전교 1등을 차지하였다. 그러나 그 배경에 아빠의 시험문제 유출이 있었다. 우리는 아빠를 마냥 미워하기도 어렵고, 그렇다고 이해하기도 어려운 마음이다. 결국 아빠는 징역 3년 6개월이 선고되고, 교육부는 사립고에 '교사와 자녀가 같은 학교를 다닐 수 없게 하는 제도'를 도입했다.

이렇게 크고 작은 일들이 일어나고 있는데, 그 중심에 시험이 있다는 것은 우리가 너무 잘 알고 있다. 시험이 필요 없다는 것은 아니다. 그러나 시험의 존재와 역할에 대해서 달리 생각해 보고 싶다. 초등학교부터 시험이라는 명목으로 아이들을 학교나 학원에 묶어 놓는다. 이로 인해 학부모는 많은 스트레스를 받고 경제적 투자를 요구받는다. 이러한 상황을 조금 더 냉정하게 바라보았으면 한다.

시험과 성적으로 아이들이 위험해지고 있다.

2019년 안녕지수 자료를 분석해 본 결과 수능은 한국인들, 그중에서도 10대의 행복감을 크게 떨어뜨리는 것으로 확인됐다. 특히 10대는 평소보다 매우 낮은 삶의 의미를 경험하는 것으로 밝혀졌다. 한국교육개발원 '청소년 건강행태조사로 본 청소년 우울감'에 따르면, 중고생들의 스트레스 인지율, 우울감, 자살 시도율이 2006년 이후 감소하다 2016년부터 증가 추세로 돌아섰다. 2019년 분석 결과 스트레스를 '대단히 많이' 또는 '많이' 느끼는 중고생이 39.9%에 달했다.

시험을 보는 것에 대한 필요 이상의 두려움, 부정적인 생각, 아이들은 틀리고 맞은 것에만 집중하고 어떤 부분이 부족한지 왜 부족한 건지 돌아볼 여유 없이 성적이 공개되고 엄마도 속상해하고 아이도 속상하고 아이의 자존감은 떨어진다. 이것으로 인해서 공부라는 그 자체가 싫어지고 스스로 생활 전반에 걸친 스트레스가 아이들의 행복을 갉아먹고 있다. 오로지 시험과 성적을 위해서 아침부터 저녁까지 학교와 학원의 울타리에 갇히어 하루하루 보내야만 하는 그들의 마음을 우리는 분명히 읽어야 한다. 행복은 성적순이 아니다.

시험이 교육목표가 되었다.

학교시험이 최우선이고 그 시험 점수가 교육의 결과라고 생각한다면 교육 방식과 과정이 많이 다르게 간다. 시험과 성적이 배움의 목표가 되기 때문이다. 학교의 시험이 잘못되었다고만 말하는 것이 아니다. 물론 극단적인 암기 수준의 시험문제는 비판받아야 마땅하지만, 그 시험에 목매여 있는 학교, 학부모 모두가 성적을 위한 한 방향이다.

고등학교가 대학진학률에 목을 매고 있는 상황에서, 학교들은 상위 11%, 1~2등급 학생들을 어떻게 진학시킬지 올인할 것이다. 학교 선생님들은 정해진 시험 날짜와 범위에 맞추어서 이번 주 화요일은 3과까지, 목요일에는 5과까지 진도를 나가야 한다. 잘 따라가는 아이들, 못 따라가는 아이들, 너무 쉽거나 포기하여 안 따라가는 아이들 제각각의 풍경이 연출되나 어쩔 수 없는 노릇이다.

수업을 통해 학생들은 다양한 의견을 내고, 실험해 보면서 부딪히는 문제를 하나하나 해결해 나가는 방법들을 스스로 터득하며, 함께 또는 혼자 문제를 해결해 나가는 과정은 보이지 않는다. 아이들은 그저 시험을 위해서 인쇄된 교과서의 내용을 암기하는 것에 익숙해진다. 교사도 아이들 자신의 재능을 발견하도록 돕는 '학습 조력자'보다 '정보 전달자' 역할이 많아진다.

가정학습지도 교과서와 같은 것이어야 안심을 한다. 4학년이면 4학년의 내용을 공부해야 학교를 잘 따라가고 시험을 잘 볼 수 있다고 생각하기 때문이다. 집에서 그 아이를 위해 돈을 내고 추가적인 공부를 한다면, 학교와 똑같은 내용을 집에서 굳이 할 필요가 있냐는 것이다. 학교 수업을 못 따라가면 분명히 그 아이가 가지고 있는 이유가 있다. 그것을 해결하지 못하면 시간이 지날수록 그 아킬레스건은 결국 그 과목을 포기하도록 영향을 끼친다.

또한 학교에서 잘하는 아이라면 배우지 않은 것을 혼자 앞서서 배움으로써 진정한 학습능력과 자기주도적인 자습태도를 기를 수 있는 기회가 된다. 그러나 일반적으로 부모님들은 가정학습지 교재도 아이의 현재 학년과 같아야 된다고 생각한다. 아이들과 선생님들이 결재권자인 어머니의 그 바람에 눈치를 보고 충분한 맞춤학습을 못 한다.

아이들에게 시험을 위한 공부보다 더 중요한 것이 산재해 있다.

핀란드의 교육이 전 세계 교육학자들의 관심을 끌고 있다. 2018년 PISA(국제학업성취도평가)에서도 핀란드 학생의 문해력과 수리력은 세계 최고 수준을 유지했는데, 그들은 '예체능을 강조한 전인(whole person)교육 중심'이고, 시험다운 시험은 고등학교 졸업 전에 치러지는 대학입학 자격시험이고 이 시험도 예문을 읽고 분석하여 쓰는 에세이라고 한다. 시험으로 줄을 세우는 일은 절대 없다고 한다.

우리는 핀란드와 같은 교육은 불가능할까?
언제까지나 교실에만 갇혀 있거나 교과서에만 얽매여 있어야 할까?
언제까지 시험 날짜와 범위에 맞추어 공부를 해야 할까?
언제까지 학원의 울타리에서 밤 11시까지 있어야 할까?

통계청자료에 의하면 우리나라의 지난 10년의 사교육의 흐름을 보면 변화가 되고 있음을 본다. 2009년도 일반과목의 사교육(학원, 과외, 학습지) 수행이 75.5%에 달했는데, 2019년도에는 57.9%로 17.6% 하향됨을 알 수 있다. 대신 예체능은 2009년도에 58.2%였는데, 2019년도에는 9.2%가 상승한 67.4%로 나타났다. 이는 이제 공부에만 올인하지 않는 학부모의 의식전환을 엿볼 수 있다. 아이 보육에 있어서 공부에만 국한하지 않고 다양하게 시도했다는 점에서 흥미롭다.

우리 아이들, 청소년들은 해야 할 일이 많다.

박물관과 도서관, 자연 문화, 역사적 관심거리를 마음껏 찾아다녀야 하고 공장, 일터, 병원 등을 체험해 보아야 한다. 다양한 언어로 쓰인 책, 신문, 잡지 속 이야기에 흠뻑 빠져 보아야 한다. 만나고 싶은 사람, 보고 싶은 사람을 만날 기회를 가져야 한다. 여유가 있다면, 여기저기를 여행하면서 사람, 언어, 음식, 문화를 체험해야 한다. 이것이 어려우면 책을 통해서라도 나의 생각과 시야를 넓혀야 한다. 학교에서 배운 지식과 시험 성적만으로 이 사회에서 살아갈 수 없는 이유이다.

그러나 2020년 10월 5일에 교육부에서 발표한 '코로나 이후, 미래교육 전환을 위한 10대 정책과제 9안'의 추진배경을 보면 그래도 우리에게 희망이 있다. 여기서는 주요 내용을 알리고, 본 책 2장 5절에서 원문을 실어 보았다.

첫째, 4차 산업혁명, 디지털 전환, 인구구조 변화 등에 따라 사회·경제 전 분야에 걸친 변화 가속화 및 불확실성 심화,

둘째, 전 세계적 경기침체의 장기화 예상 속에서, 계층 간 이동성 약화 및 사회적 불평등은 교육격차를 더 심화시킬 것이라는 우려,

셋째, 코로나19 대응 과정에서 일어나고 있는 교육 현장의 혁신적 변화를 기반으로 미래교육으로 도약해야 한다는 사회 전반의 공감대 확산이다.

특히, '교육 = 학교교육 = 등교수업'의 인식이 깨지고, 지식 전달자를 넘어선 교원의 새로운 역할, 인간적 유대감에 기반한 공동체로서의 학교 중요성 부각의 내용이 눈에 띈다. 즉, 이 새로운 정책의 추진 배경은 한마디로 '4차 산업혁명 및 디지털 전화 등 사회적 혁신을 기반으로, 모두를 위한 삶의 질을 제고할 수 있는 교육 패러다임 대전환 필요'를 들고 있는 것이다.

코로나19가 우리나라의 교육의 미래를 보면서, 현실적인 문제를 좀 더 심각하게 보고 있다고 생각한다. 이를 토대로 학교뿐만이 아

니라 가정에서도 시험이라는 틀을 깨고, 벽을 딛고 일어서서 본인의 공간을 만들고, 함께 소통하고, 일을 해 나가고, 문제를 해결하는 전인교육을 위한 들판에서 맘껏 뛰기를 바란다.

2-4

이제 '학력' 대신 '실력'

"저는 어떤 중2 여학생입니다. 이번 도덕 수행평가가 '공부를 해야 하는 이유'인데요. 제가 듣기로는 인간은 목적에 의해 움직이고, 자극도 받는다고 했어요. 그래서 저는 공부를 하려면 우선 공부목적이 있어야 된다고 생각하는데요. 그래서 묻고 싶은 건, 공부의 목적은 과연 좋은 학교를 들어가기 위해서인가요? 그냥 돈을 많이 벌기 위해서인가요? 좋은 학교에 가서 좋은 직장에 다니면 돈을 버는 게 공부의 궁극적인 목적인가요? 지금 저는 공부를 '해야겠다'라는 느낌도 잘 안 들어요. 공부가 무엇인가요?"라고 자녀가 포털 사이트에 올렸다는 것을 알면 어떤 생각이 들까? 만약 나한테 이 질문을 직접 했다면 어떤 응대를 했을까?

우리는 공부를 왜 해야 하나?

기회를 얻기 위해서, 인생의 꿈을 위한 명문대를 가기 위해서, 선택의 폭이 넓어지고 그러다 보면 돈을 많이 벌 수 있는 기회도 많아지기 때문에, 세상에게 인정받기 위해, 남들한테 당당할 수 있게 되어서, 어디 가든 꿀리지 않기 위해, 누군가에게 존경받기 위해, 기억에 남기 위해 등 어른과 아이들의 답변은 비슷비슷하다. 그러나 이것이 진짜 공부의 목적이라고 단언하기에는 아쉬움이 남는다. '가정'이라는 학교에서 부모님은 교장 선생님과 교감 선생님 역할도 있다. 우리 부모님께서 '공부의 목적'에 대해서 생각해 보고 아이의 인생을 위한 진정한 가정교육도 생각하는 기회가 되기를 바란다.

공부의 목표로써 두 가지 유형을 생각해 본다.
하나는 성적을 올리거나 뭔가를 성취하기 위한 '수단'으로 하는 공부다.

학생이면 시험을 잘 보아 성적을 위한 공부가 되고, 직장인이라면 업무의 성과를 높이고 스펙을 쌓기 위한 자격증이 하나의 예가 된다. 이러한 공부는 어쩔 수 없이 해야 되는 상황이 발생하고, 목표가 달성이 되면 공부를 멈추고 다른 목표가 주어질 때까지 기다리게 된다. 공부를 한다는 것은 분명 긍정적인 것임이 틀림없다. 그런데 이 공부에는 한계가 있다. 자기의 발전을 위해 노력하고 있다는 일시적인 만족감과 가시적인 성과는 줄 수 있지만 궁극적으로 생각의 힘을 키워 주고 세상을 꿰뚫어 보는 나만의 안목을 갖게 하는 데는 약하다.

시험을 위한 공부만 했던 사람들에게 정해져 있는 공부의 틀이 없을 때는 무척 낯설고 당황스러워하기도 한다. 그러니 공부를 하려고 마음을 먹었다가도 책을 몇 권 구입하고 강의를 찾아 듣는 것 외에 내가 할 수 있는 것이 무엇인지 몰라 막막해한다. 더 나아가 지금 잘하고 있는 건지 모르겠다는 불안감이 생기는 것은 어찌 보면 당연한 반응이다.

이전에는 성공이라는 황금박스의 열쇠가 공부였다. 공부를 해서 좋은 대학에 가면 바로 좋은 직장이 보장되고 좋은 직장은 성공의 아이콘이었다. 그래서 대학 학비를 위해서라면 집까지 팔았었다. 그러나 이제는 그렇게 하지 않는다. 고등학교까지 실컷 공부시켜 보고 안 되면 깨끗하게 서로가 포기한다. 굳이 좋은 대학만이 소위 말하는 출세의 길이 아니라는 것을 알기 때문이다. 그러한 결과일까?

2018년 대학진학률은 69.7%로 청년 10명 중 3명은 대학에 가지 않는다는 통계가 나왔다. 사람들이 흔히 생각하는 '청년 = 대학생 = 취업'이라는 등식도 옛말이 된다.

2018년 진학률이 69.7%인 반면 취업률은 30.7%였다. 2015년의 70.8% 진학률에 34.3% 취업률에 비교하면 그들의 마음이 이해가 된다. 모든 것을 참아 가며 들어간 대학을 나와도 취업과는 거리가 멀어진 것에 대한 허탈감인가.

코로나 이후의 흐름을 보자. 이 흐름에서 공부의 목적도 다시 생각해 보는 의미도 있다. 이미 시작된 4차 산업혁명 시대는 **답이 없고, 변화무쌍하고, 그 빠른 변화 그 자체다. 고정된 사고가 아닌 유연하면서도 비판적 사고, 수동적이 아닌 적극적이고 빠른 문제해결력을 보유한 인재 육성을 위한 교육과 공부가 필요하다**. 우리 학생들은 암기와 이해라는 지적 능력만을 발달시켜 왔기 때문에 지식을 학습자 스스로 창조하는 능력을 제대로 기르지 못했다. 이제 4차 산업혁명에서 살아남으려면 인간의 인지력과 지혜는 인공지능을 넘어서는 단계로 발달해야 한다. 한국에 던진 엘빈 토플러 학자의 충고를 잘 헤아려야 한다.

세계경제포럼 보고서에 따르면, 초등학생의 65%가 아직 존재하지 않는 직종에서 일하게 된다. 게다가 지금의 위기는 세계와 세계 전망을 더 급격하게 변화시킬 수 있다. 2012년 이후 8년 만에 5,236개가 늘었다고 한국고용정보원이 밝혔다. 코로나19의 위기 속에서 교사와 부모들은 미래의 주역이 될 아이들을 위해 어떤 준비를 시켜야 할까?

교육의 천지개벽도 불가피하다. 학원, 학교, 교실이 급감하고, 인공지능 로봇은 숙제를 도와주고, 영어 강사로도 나서게 된다. 어쩔 수 없이 실시하게 된 원격강의는 페이스타임, 미트, 팀즈, 줌 기술의 급속한 발전을 가져왔다. 인간의 뇌와 구글의 양자컴퓨터 시커모어가 연결되면 '공부의 종말'이 온다. 이와 같은 슈퍼컴퓨터 등은 일반 슈퍼컴퓨터가 1만 년 걸리는 작업을 200초 안에 해낸다. 공부라는 개념이 소멸하고 지식은 뇌-컴퓨터 연결로 이전할 수 있다. 교사, 교수, 학교, 학원이 필요 없어지는 것이다. 학교 졸업장도 의미가 없어지고 학부모들은 홈스쿨링, 온라인교육 프로그램에 익숙해진다. 이러한 예견들이 어느 때보다 활발하게 제시되고 있음을 알아야 한다.

우리들의 부모나 조부모들에게는 제2차 세계대전 이후가 새로운 질서의 탄생이었던 것처럼, 지금 우리에게 코로나 범유행 이후의 새로운 질서는 자녀와 손자들에게는 아주 평범한 현실로 받아들여질 것이다. 과거에는 소규모의 강력한 권력을 가진 똑똑한 사람들이 비전을 세우고, 그것을 실현하기 위한 방법론까지 결정했다. 그러나 이번은 다르다. 우리는 새로운 힘의 위치를 인식해야 하며 그 힘은 바로 우리 자신, 개개인에게서 비롯된다. 지금 당면한 이 문제들을 해결할 수 있는 주역은 바로 우리 자신이다.

급변하는 환경에 대처하기 위해서는 다양한 디지털 기술을 즉시 활용할 수 있는 유연성을 키워야 하고 끊임없이 기술 트렌드에 관심을 가져야 한다. 글로벌 환경에서 학생들은 탄력성과 적응성을 기를 필요가 있다. 미래에 고용주가 찾을 핵심 인재는 공감과 정서적 지능 외에도 창의성, 의사소통 능력이 좋아 협업이 가능한 인재다. 인공지능은 점점 인간의 손을 떠나 '자기주도 자율학습'의 세계로 진입하고 있다. 미래에는 학습과정 자체의 설계도 인공지능이 하게 된다. 이 과정에서 많은 직업이 재정의되거나 사라진다. 미래 교육이 창의성과 유연성을 바탕으로 한 자기주도 능력 배양에 초점을 맞춰야 하는 이유다.

우리 아이들은 120세를 넘어 200세의 세상에서 살 확률이 꽤 높다고 한다. 그렇다면 인생 3모작을 넘어 다모작까지 해야 한다. 무엇으로 할 것인가? 자기의 인생을 준비하고 살찌우는 자기를 위한 공부를 지속적으로 해야 할 것이다. 쉽게 말하면, 대학교 3번을 바꿔 다니면서 살길을 찾아가야 한다는 결론이 나온다. 억지로 하는 공부로는 절대 불가능한 이야기다.

공부를 해야 하는 개념은 이제 바뀌어야 한다.
'학력'이 아닌 '실력'이어야 한다.
또한 '배움'이 있어야 한다.

무엇인가를 이루기 위한 수단으로써의 공부를 하는 것만이 아니라 공부 그 자체가 목적인 배움을 하는 것이다. 이 공부들은 우리의 지식 체계를 풍요롭게 해 주고 생각하는 힘을 길러 주며 더 나아가서는 인생을 어떻게 살 것인지까지 고민할 수 있도록 이끌어 줄 것이다. 이것이 어떤 시대와 상황이 닥치더라도 살아내고 살아가는 힘을 만드는 데 기본적인 샘물의 역할을 할 것이다.

정답이 있는 시험을 위한 공부의 시대는 2.0의 시대적 잔재로 과감히 생각하고 이제 4.0의 시대를 준비하는 공부의 목적을 가져야 할 시간이다. '진짜 공부'를 하는 사람은 함부로 인생을 망치지 않는다. 그리고 공부하면 알게 되고 알면 보이고 그때 보이는 것은 이전과 다른 그 무엇에 매력을 느껴 더 공부할 것이다.

혹시 우리 아이들에게 우리보다 더 나은 삶을 살아가기를 바란다면, 우리가 했지만 지금은 불필요한 것, 우리가 못했지만 앞으로는 꼭 필요한 것을 하도록 하는 부모가 되어야 하지 않을까. 유행이나 남들의 시선에 좌지우지되지 말고, 스스로 공부의 방향과 목표를 설정하는 것부터 시작해 보자. 교과서와 책 중에서 선택을 하라면 책을 과감하게 선택하는 용기와 배짱도 가져 보자. 누구의 강요에 의해서가 아닌 내가 진정으로 필요로 하는 공부 혹은 내가 인생을 사는 데 든든한 이정표가 되어 줄 공부를 찾는 아이로 키워 보기를 바란다.

2-5

포스트코로나 시대의 미래교육 전환

교육부는 2020년 9월 9일에 포스트코로나 시대의 미래교육 전환을 위한 '디지털 기반 고등교육 혁신 지원방안'을 발표했다. 주요 내용을 보면 대학 간 공동 교육과정 운영 활성화 등 공유 성장형 고등교육생태계 구축, 혁신공유대학체제를 통한 디지털 신기술 분야 인재 10만 명 양성과 내실 있는 원격·대면수업 운영을 위한 대학의 질 관리체계 마련 지원이다. 이제는 피할 수 없는 상황이기에 질적 향상을 위한 국가적인 운영 방향으로 보인다. 발표의 주요 내용을 확인하고, 우리는 미래교육에 대해 무엇을 준비할 것인가를 고민해 봐야 한다.

첫째, 대학 학사운영의 뉴 노멀을 정립하여, 디지털 기술을 교육과정 혁신의 기회로 활용한다.[1]

---

1 본 저작물은 교육부에서 2020년 9월 9일 작성하여 공공누리 제1유형으로 개방한 '포스트코로나 시대 미래교육 전환을 위한 디지털 기반 고등교육 혁신 지원방안(송근현 외 5인)'을 이용하였으며, 해당 저작물은 '교육부, 보도자료(https://www.moe.go.kr/boardCnts/view.do?boardID=294&boardSeq=81865&lev=0&searchType=null&statusYN=W&page=38&s=moe&m=020402&opType=N)'에서 무료로 내려받을 수 있다.

원격수업 운영에 대한 규제를 개선하여 대학이 원격·대면수업을 자율적으로 활용할 수 있도록 한다. 또한 국내대학이 단독 또는 공동으로 운영하는 온라인 석사과정 및 국내-해외대학 간 공동 온라인 학·석사 학위과정 운영을 허용한다. 아울러 지역 내 대학 간 공유와 협력을 촉진한다. 올해부터 추진하는 '지자체-대학 협력기반 지역혁신사업'을 통해 지자체-대학-지역혁신기관의 플랫폼을 구축하고, 이를 지속적으로 확대 및 제도화하여, 지역대학과 지역의 혁신을 함께 추진한다. 2024년까지 비수도권 전역으로 확대한다. 이러한 대학 간 공유와 협력을 촉진하기 위해 관련 규제를 과감하게 개선하는 '고등교육 규제 샌드박스'를 도입한다. 또한 대학의 교육과정, 시설 등 자원공유 실적을 대학 기본 역량 진단에 반영하고, 대학 간 협업과 공유를 촉진하는 진단모델을 새롭게 마련할 계획이다.

둘째, 디지털 분야 역량을 갖춘 인재를 양성하여 급변하는 신기술 분야 인력수요에 체계적으로 대응한다.

2021년부터 신규로 추진하는 '신기술 혁신공유대학 지원 사업'을 통해 26년까지 신기술 분야 수준별 인재 10만 명을 양성한다. 신기술 분야 교육역량을 보유한 대학들이 특화된 분야의 모듈화된 교육과정을 개발 공유하는 혁신공유대학 체계를 구축하여, 전공에 관계없이 희망하는 학생 누구나 신기술 분야 교육과정을 이수할 수 있도록 모듈화된 수준별 융·복합 교육과정을 개발·운영하고, 이를 통해 비전공 학생, 졸업 유예생, 취업준비생 등의 취업역량을 제고한다. 이는 인공지능, 빅데이터, 차세대(지능형) 반도체, 사물인터넷 등이다.

아울러 4단계 두뇌한국 21을 통해 비대면·디지털 분야(트랙)를 신설하고, 디지털 분야 우수박사학위 취득자의 연수를 지원하는 등 신산업 분야 고급인재를 집중 양성한다. 또한 21년부터는 '마이스터대학'을 시범 운영하여 신산업 분야 전문기술인력을 집중 육성한다.

셋째, 포스트코로나 시대 원격교육 내실화를 위한 대학의 노력을 적극 지원한다.

코로나 상황으로 인해 2020년 2학기에도 대부분의 대학(전체대학 중 99.4%)에서는 비대면 수업이 이루어지고 있어, 원격수업 질 제고 노력이 필요하다. 대학은 원격교육지원센터를 설치 운영하고, 교원의 원격교육 역량 강화를 위한 온라인강의 운영 교육 실시 및 우수사례 평가를 학기 중 2회 이상 실시하도록 하여 대학의 자율적 질 관리 체계를 갖추도록 한다. 코로나 상황 이후에도 원격수업 확대가 필요하다고 학생은 71.9%, 교원은 71.1%가 답을 했다.

정부는 대학의 원격교육 환경 개선 등을 위해 1) 총 1,000억 원 규모의 긴급재정지원을 실시하고, 2) 온라인 원격도우미 배치 및 3) 대학혁신 지원사업 예산을 활용하여 원격교육 인프라 구축을 지속

지원한다. 아울러 질 제고 차원에서 '일반대학의 원격수업 운영에 관한 훈령'을 제정하고, 비대면 교육활동 실적을 역량진단에 반영(2021)하며, 대학 원격수업 인증제도입 연구에 착수한다.

특히 학생 간 디지털 격차를 완화하기 위해 취약계층 학생에게 스마트 기기를 제공하는 등 모든 학생의 디지털 접근성을 제고한다. 대학 간 자원 공유 활성화, 고속 전산망 구축 지원 및 우수 온라인 콘텐츠 확충·보급을 통해 대학 간 원격수업 격차 완화를 추진한다. 전국 10개 권역별로 거점대학을 권역별 원격교육지원센터로 지정하여 공용 LMS 및 원격강의 장비를 구축하도록 지원하고, 지역 내 대학 간 실험 실습실 및 취·창업지원 공간 공유 등 온-오프라인 협업도 지원한다.

넷째, 대학의 직업교육을 활성화하여 취업에 어려움을 겪는 학생과 직업전환자를 적극 지원한다.

취업을 준비 중인 대학생이 필요한 신기술 분야 교육과정을 단기간에 이수할 수 있도록 우수 프로그램을 발굴·지원하고, 졸업 후 미취업자 및 실직자를 위한 채용 조건형 계약학과를 신설한다. 코로나19 상황으로 어려워진 현장실습, 실기과목을 증강현실(AR)·가상현실(VR) 등의 콘텐츠를 활용한 비대면 과목으로 대체운영이 가능하도록 대학생 현장실습 운영규정을 개정한다.

디지털 혁신 방안의 핵심은 '포스트코로나 시대 고등교육 변화와 혁신 지원 방안'에서 예고됐던 대로 대학의 원격수업 20% 제한 해제, 고등교육 샌드박스 도입 등 파격적인 안을 고스란히 담고 있다. 코로나19 이전 상상할 수 없었던 일이다. 그동안 교육부는 대학가의 호소와 요청에도 꿈쩍하지 않았지만 코로나19 앞에 무릎을 꿇을 수밖에 없다. 변화와 혁신이 코로나19 위기를 극복하는 열쇠이기 때문이다.

미네르바 스쿨은 고등교육 혁신의 모델로 꼽힌다. 그러나 우리나라는 원격수업 교과목 개설 기준 20% 제한 룰과 대학 설립 4대 요건이 한국판 미네르바 스쿨 탄생의 장애물로 지적됐다. 반면 미네르바 스쿨은 어떤가. 별도의 대학 건물이 없다. 수업은 100% 온라인으로 진행된다. 학생들은 시간과 공간의 제약 없이 미네르바 스쿨 자체 컴퓨터 프로그램을 통해 수업에 참여한다. 이것이 우리나라에서 불가능한 이유는 없다고 본다.

우리도 상황이 바뀌고 있다. 이제 한국판 미네르바 스쿨 탄생은 미래교육 전환을 위한 국가와 학부모, 학생 모두가 가능한 방향으로 고민하면 답은 나올 것이다.

> 사회가 관심 있게 보며
> 요구하는 미래 인재상은 '사람'이다.

3장

'옥석'을 만드는 것이 중요하다

3-1

미래 사회의 핵심 인재

인간은 생존본능에 강하다.

신비로운 생명은 캄캄한 엄마 배 속에서 10개월을 말없이 지낸다. 숙제, 학원, 시험 등 힘들다 하면서도 대학을 졸업한다. 청년실업이 심각하다 하지만 어떻게든 월급 받고 밥을 먹는다. 직장에서 상사뿐만이 아니라 후배 눈치를 보면서도 한잔의 술로 달래고 다시 아침을 맞는다. 이 땅의 엄마들은 애 같은 남편과 속 썩인 자식들이지만 또 먹인다. 어르신들은 죽고 싶다고 하지만 어느새 100번째 생일 촛불을 끄고 있다. 우리는 살아간다. 아무리 로봇과 인공지능이 아무리 판을 친다고 해도 인간은 살아간다. 아무리 변종 바이러스가 인간의 손과 발을 묶는다 해도 인간은 살아간다. 우리가 포기만 하지 않으면 살아낼 것이다. 살아가야 한다.

살아내고 살아가는 길에 우리는 선택을 하고 때로는 선택이 된다. 우리 아이들이 살아갈 미래사회도 같을 것이다. 미래에는 어떤 인재를 요구할까? 어떤 기준이 핵심 인재일까? 비중이 있는 '사람 선택'

의 기준은 무엇이 될까? 기업은 국민의 경제를 구성하는 기본 단위이며, 기업을 통해 사회 흐름을 알 수 있다. 우리 일반 기업에서 원하는 인재, 외국 초일류 기업에서 원하는 인재, 사회가 필요로 하는 인재를 생각해 보았다. 10여 종류의 자료와 책을 통해서 나름 공통 키워드를 뽑아 본 것이다. 이 키워드는 미래 아이들의 인재상과 밀접한 관련이 있을 것이다.

세계경제포럼이 발표한 4차 산업혁명 시대에 요구되는 인재상 5위까지는 복합문제 해결능력, 비판적 사고능력, 창의력, 인적자원 관리능력, 협업능력, 감성능력이었다. 미국 최고 권위의 발달심리학자 로베르타 골린코프 박사는 수십 년 연구 끝에 21세기 6가지 역량을 협력, 의사소통, 콘텐츠, 비판적 사고, 창의적 혁신, 자신감으로 밝혔다. 미래학자 최윤식 박사는 인간이 기술과 대결해야 하는 미래에는 인간성, 인격, 품성의 경쟁력을 강조했다.

대한상공회의소에서 2008년부터 5년에 한 번 발표하는 100대 기업 인재상, 2018년에는 소통과 협력, 전문성, 원칙과 신뢰, 도전정신, 주인의식, 창의성, 열정 등의 순서였다. 잡코리아 조사에 의하면 채용 시 불황기엔 긍정성, 끈기, 실행력을, 평소에는 성실성을 중요하게 평가한다고 한다. 그리고 초일류 외국계 기업 '구글코리아', '넷플릭스코리아', '애플코리아'의 입사에 필요한 조건을 보면, 우수한 어학능력, 관련 분야 직무 경험, 글로벌 감각, 성실함과 열정, 출신학교, 전공 및 학점이었다. 세계 최고 부자 아마존사장 제프 베조

스는 미래 조직의 인재상으로 학습 민첩성, 복잡한 문제 해결력, 디지털 활용 능력, 플랫폼 설계 능력을 꼽는다.

그리고 커리어연구소에서는 미래형 최고 인재를 문제해결형으로 선정했고, 인성, 전문성, 창의성을 주요 자질로 들었다. 구인구직 매칭플랫폼 사람인이 2019년 기업 334개사를 대상으로 가장 중요하게 평가하는 인재상은 책임감, 성실성, 전문성, 팀워크, 정직과 신뢰, 열정 순이었다. 또한 기업 인사담당자 390명이 가장 뽑고 싶은 신입사원 유형 첫 번째는 태도가 좋고 예의 바른 바른생활형, 직무 경험과 지식이 많은 전문가형, 문제 해결이 뛰어나고 스마트한 제갈공명형, 직장이나 사회경험이 풍부한 신입 2회차형, 의지가 강한 일편단심형, 열정과 패기가 넘치는 불도저형이었다. 반대로 좋아하지 않는 신입유형 첫 번째는 태도가 불손하고 예의 없는 유아독존형과 기본이 안 된 무개념형이었다.

이렇게 볼 때, 일단 2회 이상 중복되었던 키워드로는 전문성(5회), 문제해결능력(3회), 성실(3회), 열정(3회), 직무경험(2회)이었다. 그리고 키워드들을 유사한 유형별로 모아 보니, '인성', '태도', '능력' 3가지로 압축이 되었다. 조직이 신입사원에게 원하는 것은 문제해결능력, 지식, 직무 및 사회 경험, 창의력 등과 함께 성실, 열정, 끈기, 예의 등과 같은 인성과 태도에 대한 요구가 많다는 것을 알 수 있다.

태도
긍정성, 끈기, 성실,
정직, 예의, 책임감, 열정,
자신감, 도전심, 실행력,
팀워크, 소통

인간성, 인격,
품격, 신뢰

능력
비판적사고, 창의력, 어학 실력, 문제해결,
전문성, 글로벌 감각, 직무 경험, 학습민첩성,
디지털 활용, 플랫폼 설계

시대가 변하면 인재상도, 평가방식도 변한다.

   기업은 채용 시 지원자를 평가하는 방법으로 실무면접(64.1%)이 가장 많았으며 그다음으로 인성면접(40.4%), 자기소개서 내용(35.3%), 이력서 항목 기재 내용(17.7%) 순으로 뒤따랐다. 다시 생각해 보면 '쓰여진 내용'보다는 '읽혀진 사람'을 중요시한다는 것이다. 나 또한 팀을 운영하면서 '읽혀지는 사람'을 중요시했다. 자기소개서와 이력서에서 스펙은 그냥 참고사항으로 취급되는 경우가 종종 있다. 그 사람이 어떻게 살아왔고, 어떤 경험을 했으며, 사고방식은 무엇인지가 더욱 궁금하다. 회사라고 해도 결국 하나의 사회이고 조직이다. 그 지원자가 이전에 다른 사회와 조직에서 어떤 생각으로 어떻게 살아왔는지가 더욱 중요하기 때문이다. 환경이 바뀌었다고 사람이 쉽게 바뀌기가 쉽겠는가?

   사회가 관심 있게 보며 요구하는 미래 인재상은 '사람'이다.
   그 사람의 '인성과 태도'라고 말하고 싶다.

이 인성과 태도는 단지 먹고살고, 좋은 회사 취업을 위한 조건은 아니다. 일단 살아내기 위한 첫 관문이 취업이기도 하지만, 이 땅의 사회에서 당당하게 살아가기 위한 중요한 덕목으로도 가치가 높다. 사람을 나타내는 한자 '人'을 보면 서로 마주 보며 기대고 있다. 누구 하나 힘의 균형이 맞지 않으면 넘어지는 것이 사람이다. 인간은 관계 속에서 태어나고 관계 속에서 살며 삶을 꾸려 나간다. 회사에서 퇴사와 조직의 이탈 이유는 무엇인가? 직장이 아니라 사람이 싫어서 떠난다. 관계다.

세상은 점점 더 좁아지고 있고, 모든 분야에서 사람은 떼려야 뗄 수 없는 관계다. 코로나19로 그 밀접성은 더욱 분명해졌다. 운명 공동체로 얽혀 가고 있음은 좋든 싫든 받아들여야 할 현실이다. 이런 시점에서 세계 시민으로서의 인식은 보다 지속가능하고 탄력적이며 자비로운 세상을 만들 수 있는 매우 강력한 도구다. 우리는 서로 도울 때 더 강해질 수 있다.

변하고 있는 사회는 생존의 마음과 능력이 있는 사람에 주목하고 있다.
비대면의 상황에서도 고객을 만나려는 의지, 활발한 의사소통, 업무의 책임감, 수평적 관계의 예절, 빠른 실행, 유연적 사고가 절실히 요구되는 상황이다. 그런 상황을 탄탄하게 받쳐줄 인재는 '인성과 태도'가 바탕이 된 이 책 독자의 아들과 딸이어야 한다.

우리 아이들을 그렇게 키워 보자.
인성과 태도가 어우러진 '옥석'을 만들어 보자.
이제 각박해진 사회가 더 '옥석다운 옥석'을 가리기 때문이다.

3-2

인성과 태도로 리셋이 필요한 시대

　무기(武器)라는 것은 전쟁이나 싸움에 사용되는 기구를 통틀어 말한다. 또한 어떤 일을 하거나 이루기 위한 중요한 수단이나 도구를 비유하기도 한다. 차별화가 되는 나만의 무기는 싸움에서 승리의 확률을 높인다. 살생용이 아닌 필살기는 매력적이고 위력적일 것이다. 무기는 단순히 총과 칼만이 아니다. 차량, 관측기구, 호신장비, 진지도 무기로 볼 수 있다.

　우리 아이들이 성장하여 삶의 전쟁에 나가서 싸우고 살아남도록 지켜 줄 비장의 무기는 무엇일까? 강한 공격으로도 쓰러지지 않고, 나의 목표 달성을 위해서 1m, 1km, 10km를 나아가 승리를 이끄는 매력적이고 위력적인 필살기는 무엇일까? 무기는 반드시 공격만을 위한 것은 아닐 것이다. 나를 안전하게 지켜 내고 보호하는 방패와 진지도 무기다. 우리 삶에 있어서 공격과 보호막이 되는 것이 '인성과 태도'이다. 따뜻한 카리스마의 위력이 아니겠는가.

인성이란 무엇일까?
순간의 감정조절에서 오는 '사람 됨됨이'다.

우리나라에는 2015년 법으로 제정된 '인성교육진흥법'이 실행 중이다. 세계 최초라고 한다. 우리 사회에 인성의 기본가치가 무너졌다는 문제의식에서 시작하였다. 제도적 틀이 필요하다는 사회적 공감과 자각의 결과였다. 지식을 쌓아 주는 것에 급급한 한국의 교육 현장에 일침을 가한 것이었다.

조벽 교수는 '인성은 감정이 생각과 조화를 이루어 바람직한 행동으로 표출되게 하는 것이며, 인생 성공을 위한 최고 역량이다'라고 설명한다. 이 정의를 잘 분석해 보면, 인성이란 행동이고 그 행동을 움직이는 것은 감정임을 알 수 있다. 500여 명의 고귀한 생명을 침몰하는 배 속에 방치한 채 혼자 살려고 팬티바람으로 도망치는 선장, 홧김에 아내와 친구를 죽인 남편과 중학생 등은 순간적인 감정 처리가 잘못된 인성적으로 결함이 큰 존재들로 볼 수 있다.

갈등과 위기가 있을 때 이 인성이 우리를 컨트롤한다. 그래서 외부 자극에 대한 본인의 감정과 행동을 잘 조절해야 한다. 남에게 피해를 주지 않고 주변 사람들에게 좋은 언행을 표현하는 사람을 우리는 인성이 좋은 사람이라고 한다. '감정 조절'이라면 인성은 타고나는 자질이 아니라 노력해서 배울 수 있고, 일시적인 행위가 아니라 지속되는 습관이다.

그렇다면 왜 인성이 이 시대가 요구하는 인재상이며 최고의 역량일까?

회사는 2명 이상의 사람이 일을 통하여 이익을 추구하는 집단이다. 회사는 앞으로 능력 있는 적은 인원으로 예측 불가능한 상황에서 비즈니스를 해야 한다. 매일매일 생존이 엇갈리는 비즈니스 현장에서는 순간순간의 다양한 업무를 빠르고 정확하게 진행한다. 복잡한 업무와 관계 속에서 인간의 감정은 1에서 10이 아니라 1에서 100을 오고 간다. 그래서 회사는 수없이 반복되는 이러한 상황과 문제를 잘 해결할 사람이 필요하다. 그 사람은 고객의 만족관리를 위해서는 팀원 간 서로 믿고, 협력하고, 활발하게 소통하고, 상대를 배려하는 마음이 가득한 인재인 것이다. 된 사람이 필요한 것이다.

실제로 요즘 직장에서도 가장 주목받는 인재란 자기 자신만을 아는 '이기적인 인재'가 아니라 남을 배려하는 '이타적인 인재'다. 명문학교를 졸업한 이기적인 지식엘리트가 아니라 남을 배려할 줄 아는 인성을 갖춘 '인성엘리트'를 필요로 하기 때문이다. '나'를 조절하여, '우리'를 발전시키는 인성은 주변 사회를 행복한 세상으로 만들어 갈 것이다.

'지식이 없는 선함은 약하고, 선함이 없는 지식은 위험하다'라고 존필립스가 말한 것처럼 이제 지식의 가공과 유통을 다루는 사람의 인성이 더 중요해졌다. 지금 시대는 최첨단 정보와 기술싸움이다. 콘텐츠 하나하나가 회사마다 경쟁력인데, 그 기술을 빼돌리거나 팔

아먹는 나쁜 인성을 가진 사람들이 있기에, 인성이 좋은 사람과 일하고 인성을 믿을 만한 사람과 거래하고 네트워크를 만드는 것이다.

그렇다면 '태도(attitude)'는 무엇인가?
오늘의 태도는 미래의 자기 경쟁력이다.

인성과 태도는 따로 구분 짓는 것보다 연결선상에서 보고자 한다. 외부 자극에 대한 자기 내면의 감정 조절이 인성이고, 태도는 감정 조절의 결과로 인해 행동으로 표현되는 것이다. 그래서 인성은 겉으로 잘 보이지 않지만, 태도는 상냥한 말, 찡그린 얼굴, 적극적 경청, 바른 인사, 식사 예절, 실수에 대한 사과, 감사 표현, 좀 더 해 보려는 노력, 책임감, 근무 태도 등은 눈으로 쉽게 확인된다. 그러기에 주변 사람들에게 화젯거리가 되기 쉽고, 사람평가에 '잔잔한' 영향력이 있다.

어딘가에서 누군가는 나를 보고 있다는 것을 알아야 한다. 눈치를 보라는 의미는 아니다. 조직을 관리해 보니 소위 말하는 꼰대 리더들에게는 조직원의 태도가 눈에 잘 보인다. 그러나 안타깝게도 태도를 고쳐야 할 사람은 태도를 고치려는 노력이 약하다. 오히려 그들은 태도가 좋은 사람과 가까이하지 않는다. 서로 어떤 효과가 있을까.

세상살이, 특히 사업 세계는 관계다. 올바른 태도로 서로 존중하는 분위기는 자신감과 리더십을 높인다. 끈끈한 유대감과 생산성과 만족도를 갖게 하는 만능열쇠가 된다. 그러나 부적절한 태도에는 이런저런 이유가 있겠지만, 한 직원의 불쾌한 태도로 식당 손님과 말다툼을 하고, 사업계약이 깨지고, 직장 내 부정적 소문이 퍼지고, 품질과 생산성을 떨어뜨린다. 결국 아무것도 모르는 고객들에게 피해가 고스란히 간다.

좋은 태도는 강력한 퍼스널 브랜딩이다.
코로나 이후에 필요한 리셋이다.

나에게 '퍼스널 브랜드(personal brand)'가 있는가 생각해 보자. 내가 누구인지, 내가 중요하게 여기는 요소가 무엇인지에 따라 결정된다. 우리의 퍼스널 브랜드는 나의 브랜드다. 내가 떠난 뒤에도 오랫동안 사람들의 머리에 나의 잔상이 남는다. 옷차림, 어투, 행동, 생각 등 자신만의 독특한 가치를 드러냄으로써 남들과 자신을 차별화할 수 있다. 이 브랜드는 집을 나선 순간 세상의 쇼윈도에 전시되며, 소셜 미디어로 순간순간 파급효과를 누릴 것이다.

이와는 반대로 부와 명예를 모두 거머쥔 사람들, 인기를 한 몸에 받는 연예인들이 소셜 미디어 때문에 한순간에 천당과 지옥을 오고간 사례를 많이 보았을 것이다. 파급이 큰 소셜 미디어가 문제는 아니고, 미디어 소재가 되었던 그 사람의 인성과 태도가 문제인 것이다.

우리는 첫인상에 대한 이야기를 많이 한다. 인상이 좋다. 인상이 세다. 이러한 이미지 캡처가 긴 시간을 필요로 하지 않는다. 그리고 그 첫인상은 상대방의 여러 곳을 관찰하지 않고 한정적인 정보에 의해서 결정된다는 것이다. 어디를 볼 것이냐는 보는 사람의 마음이다. 보는 사람이 보고 나서 판단한다. 누군가 나를 보고 있다.

 좋은 태도를 갖춘 사람이 인재라는 것은 상대방에게 좋은 퍼스널 브랜딩을 심어 주어 자신의 가치를 높이는 것이다. 이는 곧 내가 속해 있는 조직에 긍정적 에너지와 발전적 결과를 낳게 하여 그 조직에서 인정받고 성장하게 될 것이다. 인문학에서는 100-1은 99가 아니라 '0'이다. 평생을 노력하여 쌓아올린 공든 탑들이 한순간에 무너지는 것을 보면, 말 한마디, 순간 뺑소니, 작은 거짓말로 시작된 일들이었다. 다 '1'이라는 존재들이다. 그것이 순식간에 거대한 탑을 무너뜨린다. 좋은 인성과 태도는 나를 무너뜨리지 않고 나를 살아 있게 할 것이다.

 인성과 태도는 암기할 '과목(科目)'이 아니라, 삶에서 실천해야 할 '덕목(德目)'이라고 생각한다. 따라서 말로 하면 반복하게 되고 결국 잔소리가 되어 버린다. 어른들이 보여 주어야 한다. 보고 따라 하게 하는 것이 기본 가정교육 방향이 되어야 한다. 내 아이의 미래를 위한다면, 조금은 수고스러워도 좋은 감정이 조절된 좋은 말과 행동을 해 주면, 그 보상은 우리 자녀들에게 돌아가 그들의 경쟁력 있는 비장의 무기가 될 것이다.

위기 앞에서 인류가 붕괴하지 않고, 우리 아이들이 미래의 '옥석'이 되는 것은 인성과 태도로 위대한 리셋을 하는 것이다. 이 옥석이 보석이 될 것이다. '옥석'은 가리지만 '보석'은 가리지 않는다.

'미스터트롯'이 인기가 있었던 또 다른 이유

대한민국이 트롯의 열풍 그 자체였다. '내일은 미스트롯' 이후에 '내일은 미스터트롯'이 코로나로 지친 우리들의 눈과 귀와 그리고 마음을 달래 주었다. 2019년에 첫 방영된 미스트롯은 많은 인기가 있었던 것은 아니었다. 장르가 트로트였기 때문에 트로트에 대한 관심이 있는 사람 중심으로 시청되었다. 중년 남성들 중심으로 사람과 일로 지친 몸을 늦은 밤 소파에 앉아 잠시 달래는 시간을 보냈었다. 그러나 2탄으로 나온 '미스터트롯'은 사뭇 다름을 생각한다.

시청률이 35.7%라는 전무후무한 연예 프로그램이 되었고, 50대 이상의 중년층만이 아닌 25~49세의 연령층의 시청률도 9.0%(AGB 닐슨)가 되면서 충격을 안겨 주었다. 최종 결선에 보내진 775만 건의 문자폭주도 그 인기와 관심을 충분히 대변한다.

이러한 인기를 끌었던 가장 큰 이유는 점잖은 틀에서 벗어나, 좀 더 재치 있고 감각적인 '젊은 틀'이 대박을 터트린 것이다. 게다가 그동안 기존 스타들의 장기집권(?)에 대한 인물적 루틴이 '잠재력 발굴'이라는 기획으로 완전히 이미지가 탈바꿈되었다고 한다. 새로운 젊은 층이 우리 아버지 어머니가 좋아했던 장르를 잘나가는 기존의 가수처럼, 때로는 그 이상의 신선함과 감정과 가창력을 가지고 매주 새로운 퍼포먼스 무대를 장식했던 것이다.

보통 오디션 프로그램이 종료가 되면, 재방송으로 편성되어 나가는 것이 일반적이다. 그러나 이번 미스터트롯의 출연자들은 다르다. 각 지상파와 공중파의 섭외 1위가 되고 있고 틀면 그들이 나온다. 갎다고 느낄 정도다. 1~2명도 아니고, 결선까지 올랐던 7명이 모두 나오고 있다. 왜 그리 인기가 많을까? 분명히 방송사도 그 사람들이 인기가 있으니까 섭외를 할 것이다. 그리고 그들이 나오는 방송을 보면 노래만 하지 않는다. 대화가 있는 토크쇼에 자주 등장한다.

필자가 보는 관점이 있다.
인기를 끌고 있는 그 7명이 20대와 30대들인데, '노래 실력'만이 아닌 '인성 실력'도 충분히 보인다는 것이다. 행여 방송용으로 작가가 좋은 대본을 써 주고, 편집을 잘하더라도 시청자들의 '본능적 느낌'은 속일 수 없는 법이다. 그들에게서 풍겨져 나오는 인간적인 매력을 국민들이 좋아하고 있다. 각자의 어려운 무명 시절과 가정환경을 탓하지 않고 꿋꿋하게 살아낸 것뿐만이 아니라 지금도 살아가려고 노력하는 사람들이었다.

미스트트롯 '眞'의 영예를 안은 임영웅 씨는 5살 때 일찍 아버지가 불의의 사고로 돌아가셨다. 초등학생 때 유리병에 얼굴이 찍혀 서른 바늘이나 꿰매는 큰 부상을 당했다. 하지만 가정형편이 어려워 수술도 제대로 받지 못해 흉터는 그대로였다. 그러한 상황에서 어머니가 줄곧 혼자 키우시면서 영웅을 만들었다. 영웅 씨는 그런 가정형편에 굴하지 않고 중학교 3년 내내 반장을 역임할 만큼 모범적이었다고 한다. 무명 시절도 꿋꿋하게 이겨 냈다. 방송 촬영 시 카메라가 돌면 본인이 집중을 받기 위해 오버 행동을 하곤 하는데, 임영웅 씨는 주변의 경청과 배려의 미덕을 발휘하곤 한다. 그러한 태도에 시청자들은 더욱 매력을 느끼는 것이다.

  본선 2차전 1:1 데스매치에서 영탁 씨는 '막걸리 한잔'을 완벽하게 소화했다. 뇌경색으로 쓰러진 아버지가 막걸리를 좋아하셨는데 더 이상 아버지와 막걸리를 마실 수 없어서 이 노래를 불렀다고 한다. 아버지를 향한 진심이 담겨 시청자들에게 큰 감동을 주었다. 또한 영탁 씨의 '배려 성품'으로 화제가 되었다. 방송에서 4형제로 활동할 때 패자부활전으로 올라온 동생을 선택해서 팀을 꾸렸다. 팀 대항에서 경쟁을 해야 하니까 뛰어난 사람들을 선택할 수 있는 그런 여건이 됐는데도 소외받고 실력 면에서 저평가받는 친구들을 오히려 부각되게끔 이끌어 주었다. 촬영 중 하이라이트나 중요한 부분도 동생들한테 양보하는 모습이 보였다. 모두 평소 성품에서 우러나온 것이었다.

이찬원 씨는 자신의 인생 롤 모델로 어머니를 꼽으며 "일찍 결혼하셔서 고생 많이 하셨다. 이젠 자기 삶을 사셨으면 좋겠다"라고 말해 '효자 찬또'라는 별명이 생겼다. 최종 발표에서 3위에 결정된 소감에서 "많은 선배님들과 결승 무대에 같이 서게 된 것만으로도, 최종 7명 안에만 든 것으로도 감사드리는데, '美'라는 영광의 자리까지 주어서 감사드린다." 그리고 그동안 고생한 MC 김성주에게 "왜 명 MC인 줄 이제야 새삼 느꼈다"며 마지막 순간에도 주변의 사람에게 마음을 주고 공을 돌리는 인성에 누리꾼들은 훈훈해했다. 꾸준히 한 길만 바라보고 달려온 트로트 25년의 꽃이 그의 유교 보이 성품과 함께 피어나고 있다.

　결선에 진출한 7명 중 나이가 가장 많은 장민호 씨와 10년 이상 알고 지내는 방송인 송은이 씨는 "보증금 20, 월세 20의 경제적 어려움을 겪는 시절에도 장민호는 무려 12년 동안 꾸준히 봉사 단체에 후원을 이어 왔다. 그래서 난 장민호가 경제적으로 여유가 있는 줄 알았다"라고 전한다. 이에 장민호는 "있어서 준다기보단, 없으니까 더 그러는 것 같다"라고 손마음을 내비쳤다. "앞으로 돈 관리를 잘해서 나만 보시고 살아오신 어머니가 원하는 걸 뭐든 해 드리고 싶다"라고 전해 훈훈함을 안겼다.

　영상은 공감을 이끌어 내어야 한다. 그래야 그 프로그램이 인기가 지속될 것이다. 그렇다고 해서 그 공감은 작가나 연출가의 실력으로

만 자아내지는 못할 것이다. 출연자의 진정성과 자연스러움에서 품어져 나와 국민들에게 전달되어야 한다. 그래서 '국민 배우', '국민 가수'로 칭하게 되는 것이 아닐까.

 미스터트롯에서 수상받고 모든 방송에서 그들이 인기가 있는 이유, 노래의 가창력만이 아닌 그들은 하나같이 효(孝)를 중요하게 생각했다. 자신의 길을 어떤 어려움 속에서도 끈기 있게 만들어 결국 꽃을 피웠다. 또한 오디션 프로그램을 준비하면서, 방송에 출연하면서 동료들끼리 서로 배려하는 동료애가 돋보였다는 제작진들의 훈훈한 이야기가 많다. 그래서 사람들은 그들의 노래를 듣고 또 듣고, 방송을 보고 또 본다.

 노래만 잘하는 가수였다면 오디션 프로그램만으로 끝났을 것이다.

 노래 실력뿐만이 아니라 인간적인 따뜻함과 요즘 아이들답지 않은 성품이 함께 있었기에 그들과 함께 있고픈 사람들의 마음이 아닐까. 그 영향으로 '미스트롯2'도 많은 성원 속에서 진행되었고 지금도 많은 프로그램으로 연결되고 관심 속에 진행되고 있는 점은 우리가 다시 한번 생각할 일이다.

3-4

함께 일하고 싶은 사람들

1996년 1월 4일은 필자가 첫 직장을 위해 가평에 있는 한 콘도에 입소하는 날이다. 결혼 2달을 남겨 두고 이제 새로운 시작을 해야 하는 가슴 설레는 시간이었다. 5박 6일 연수를 마치고 아이들을 지도하게 되었다. 그리고 영업 관리자도 하고, 지금은 현장 전체 교육운영과 지원을 담당하고 있다. 25년이라는 시간이 흘러갔다. 5년여간 현장에서 아이들과 학부모들을 만나고, 21년을 넘게 본사에서 사원부터 팀장까지 회사생활을 하면서 필자 주변에 어떤 사람들이 있었고, 어떤 사람들이 좋았는지를 되돌아보고자 한다. 필자의 이 되돌아봄이 이 책을 보시는 분들께 어떻게 다가올지 궁금하지만 있는 그대로 써 본다.

웃으며 인사하는 사람은 언제나 반갑다.

아이들을 만나다 보면 이런저런 아이들을 만나게 된다. 과제를 못하여 집에 안 들어오는 아이, 교재를 숨기는 아이, 엄마하고 전략을 세워서 아팠다고 핑계를 대는 아이, 엄마가 대신 문제를 풀어 준 아이 등 매주 같은 아이인데, 새로운 아이처럼 만나곤 했다. 매일매일 아이들을 만나면서도 유난히 보고 싶은 아이가 있었다. 그 아이는 필자가 방문하는 날이면, 엘리베이터 앞에서 필자를 기다리고 보자마자 활짝 웃으며 인사를 한다. "선생님, 안녕하세요? 숙제 다 해 놓았어요. 한 문제가 이상했는데, 풀긴 풀었어요. 그래도 한번 봐 주세요." "선생님, 오늘 넥타이가 이쁘네요." 짧지만 서로 하고 싶은 이야기를 다 하면서 주고받는 그 시간이 너무나 즐거운 만남이 되었다. 내가 좋아하는 만큼 상대도 좋아하겠지. 인지상정이다. 그런 아이들이 커 가면서 주변 사람들을 만날 텐데. 서로 좋을 것이다. 분위기가 연상된다.

웃는 얼굴, 미소가 가져오는 긍정적인 감정은 전염성이 강하다. 웃음 가득한 눈빛이 다른 사람의 눈빛과 마주쳤을 때 긍정적인 감정은 '무형의 소통 다리'를 만든다. 자연히 두 사람 간의 분위기는 밝아져 함께 지낼수록 더욱 사이가 좋아진다. 진심 어린 미소와 웃음을 보이는 사람을 누가 함부로 대하지 못하는 것이다. 무엇을 하든 좋은 결과를 위한 스타트가 되는 것이다. 성공과 좋은 분위기를 이끄는 매력적인 인사! 주변 사람들에게 내가 먼저 인사를 하는 미덕은 어떨까.

편안한 사람들과 일하고 싶다.

여러 팀을 담당해 보면서 느낀 함께 일하고 싶은 사람은 편안함을 주는 사람이었다. 능력 있고 성격 좋은 사람이면 금상첨화이겠지만, 하느님은 무엇 하나는 부족하게 하여 사람으로 하여금 기도하고 노력하게 만드시나 보다. 능력과 성격 중 하나를 선택하라고 하면, 이제는 성격이다. 웃는 얼굴, 노력하는 자세다. 리더들은 순간순간 일이 떨어지기도 하고 일을 만들기도 한다. 그때마다 그런 일들을 적극적으로 소통하고 빠르게 처리를 해야 한다. 그런데 어느 누군가가 적극적인 자세로 그 일에 몰입하고 좋은 성과를 낸다면 그게 인정의 시작이다. 그리고 그들에게 일이 하나, 둘 더 갈 수도 있다. 일이 주어진다는 것은 그 사람을 믿고 성과를 기대한다는 것이다. 무엇보다도 마음적으로 부담이 없기에 그 사람에게 일을 주고 싶은 것이다. 현실적이다.

다시 말하면 그 사람과 일하고 싶다는 말이다. 과장이라는 초급 리더 이전에 그렇게 위에서 받은 다양한 일을 하다 보면 어느새 그 사원은 성장을 하게 된다. 그 경험을 리더들은 가지고 있다. 그래서 회사는 태도 좋은 사람, 편안한 사람을 선호하는 것이다. 이제 홀로 성공하는 시대는 지나갔다. 구글, 마이크로소프트 등 초일류 글로벌 기업들은 이미 함께 일하고 싶은 사람, 즉 협업력이 뛰어나고 서로 편안한 인재를 채용하는 이유가 있다. 각자의 역량이 단순히 더해지는 데 그치지 않고 곱하기를 하여 시너지가 발휘되기 때문이다.

회사는 된 사람을 뽑는다.

지금 2021년이다. 채용의 시장은 어렵다고 한다. 어렵다는 것은 일자리가 없다는 의미도 있지만, 취직이 안 된다는 의미도 있을 것이다. 회사는 먹고 먹히고 잡고 잡히는 상황 속에서 빠르게 진행된다. 그래서 종종 신입사원보다는 경력직을 선호한다. 바로 투입이 되기 때문이다. 설령 신입을 채용한다고 하더라도 면접에서 가장 눈여겨보는 것은 '사람 됨됨이'다.

면접은 면접실의 문을 여는 그 순간부터가 시작이다. '인사'도 연습하고 온 사람과 평소에 하던 사람은 차이가 느껴진다. 마스크를 썼어도 마스크 뒤로 얼굴 표정이 잘 느껴지는 것이 때로는 놀랍기도 하다. 자신 있고, 밝고, 적극적인 태도는 모든 면접관의 관심사다. 심지어 높은 수준의 기술 역량이 필요한 부서의 직원마저도 인성과 태도를 기준으로 채용한 뒤 기꺼이 기술 교육을 제공하는 경우도 많아졌다. 기술 훈련은 얼마든지 가능하지만 그보다 훨씬 중요한 인내와 예의, 공감능력을 가르치기는 어렵다는 것을 알게 되었다.

응시 지원서를 몇 번이고 보고 또 본다. 관심이 가는 내용은 지원자가 어떤 사람인가다. 무엇을 공부했냐가 아니다. 그 공부를 위해서 무엇을 어떻게 했는가가 관심거리다. 어느 대학이 아니라 학비는 어떻게 했는지, 대학생활에서는 무엇을 했는지, 어떤 어려운 상황에서 어떻게 해결을 하였는지에 대한 그 사람의 '삶의 흔적'이 궁금하다. 그 흔적이 지금의 그 사람을 만들었다고 생각한다. 그 생각이 크게 벗어나지 않다는 것을 면접관들은 경험을 통해서 안다. 그런 사람들이 나와 함께 일하면서 좋은 관계와 성과를 내고 있기 때문이다.

묵묵히 자기계발을 하는 사람이 인정받는다.

신입 시절부터 20여 년이 넘는 지금까지 많은 영향을 주고 계시는 직상 선배님으로부터 '신독(愼獨)'이라는 단어를 많이 들었다. 신독은 『대학』과 『중용』에 실려 있는 말로서 혼자 있을 때에도 조심한다는 의미다. 혼자 있든 함께 있든 내가 해야 할 일을 성실하게 해나가는 태도다. 필자는 자기계발을 하나의 신독이라 생각한다. 바쁜 직장생활에서 자기를 갈고닦아 나아가는 것은 결코 쉬운 일이 아니다. 계획과 의지와 인내의 과정이 있어야만 하는 것이다. 자기계발을 하는 사람은 부지런한 사람이다. 그런 사람들이 회사에 절대로 소홀하지 않는다. 똑같이 주어진 24시간을 모두가 다르게 쪼개서 쓴다. 내 시간은 내가 만드는 것이다.

코로나로 인해서 회사에 남는 사람과 불필요한 사람의 구분은 더욱 명확해질 것이다. 그 시작이 능력이고 그 능력은 자기계발이 기본이다. 이 자기계발 또한 한순간에 실천이 되지 않는다. 배움이라는 것에 대한 중요성을 어려서부터 알고, 배움의 습관이 되어 있는 사람이 직장 다니면서도 혼자서 무언가를 꾸준히 배워 가는 것이다.

  미래를 바라보는 예언자들은 '직장이 없는 시대'가 온다고 한다.
  그러나 '직장'이 없는 시대이지 '직업'이 없어지는 시대는 절대 아니다.
  생계를 유지하기 위하여 자신의 적성과 능력에 따라 일정한 기간 동안 계속하여 종사하는 직업의 세계. 기본은 '사람과의 관계'이다. 이 관계를 풀어 가는 것이 살아내고 살아가는 힘이 될 것이다. 만나는 사람에게 반갑게 인사하고, 편안하게 접근하고, 밝고 적극적이며, 내일을 위하여 배움을 실천하는 사람들을 우리는 인성과 태도가 좋다고 한다. 인성과 태도가 결국 주변의 사람과 좋은 관계를 만들 것이고, 주변 사람들이 찾는 사람이 될 것이다.
  'untact' 시대에 'contact' 되는 조건이 된다.

> '습관그릇'은 재능이 아니라
> '반복'으로 탄탄해지는 것이다.

4장

살아내고 살아가는 힘, '습관그릇'을 키워 주자

4-1

아이들의 '습관그릇'을 가정에서 키워 주자

가정은 가족이 함께 생활하는 곳으로, 함께 먹고 자고 휴식을 취하는 삶의 보금자리다. 가정에서 부모님과 형제자매 등으로부터 예절과 규칙을 배우고, 바람직한 사회인이 되기 위한 준비를 한다. 우리를 변화시키는 교육은 학교교육, 사회교육 등 많이 있으나, 그중에서 가장 강력한 힘을 발휘하는 것은 가정교육이다. 가정은 그 존재를 소중하게 생각하고 노력하는 가족에게만 의미 있는 곳이 될 것이다. 요즘 신세대 부모님들도 아이보다 나를 생각하는 시대로 살아가는 경향이 있다고 한다. 오죽 살기에 어려우면 그러할까? 우리 진정한 가정의 의미를 생각해 봐야 한다.

몸을 닦고 집을 안정시킨 후 나라를 다스리며 천하를 평정한다는 고사성어(수신·제가·치국·평천하, **修身齊家治國平天下**)가 있다. 여기서 필자는 수신(**修身**)은 부모 행동이요, 제가(**齊家**)는 가정교육이라고 말하고 싶다. 그 이유는 아이들의 도덕적·문화적 가치관이 부모님과 가정교육으로부터 시작되기 때문이다. 아이들은 아빠와 엄마를 롤 모델로 삼아 따라 하며 배운다. 그래서 가정은 아이에게는 첫 학교이고 부모님은 선생님이라고 하는 것이다.

이런 말을 들으면, 가끔은 우리 부모들은 섭섭한 생각도 들 것이다. 애를 낳은 것이 뭐 잘못되었나? 낳아 주고 먹여 주는 것도 힘든데, 해야 할 것도 많다고 하니. 맞다. 그런데, 내 자식이기에 최소한의 책임은 있는 것이다. 우리 부모도 사회의 구성원으로서 조금은 국가의 내일을 생각하여 적어도 바른 아이로 키우면 좋겠다. 필자 또한 반성하며 살고 있다.

습관은 '시간'이 아니라 '반복'에서 만들어진다.
가정이 최고의 '습관 학교'다.

교육철학자 듀이는 가정을 '축소된 사회'라고 했다. 가정에서 애정과 통제를 적절하게 받으면서 자기조절능력을 키운 아이들이 사회에 나가서도 잘 적응한다는 것이다. 아이들은 가정에서 애정과 통제를 경험하면서 습관과 버릇을 만들어 간다. 그곳이 가정이라는 학교가 된다.

하나의 습관을 만들기 위해서는 많은 시간이 필요하다고 생각될 것이다. 그러나 습관이 만들어지는 데에는 '시간'이 아니라 '반복'이다. 2주, 1개월, 6개월보다 그 같은 기간 동안 얼마나 많은 반복을 하느냐가 관건이다. 어떤 습관을 2일 동안 두 번 반복하는 것과 100번 반복하는 것은 크게 다른 결과를 초래하기 때문이다.

   습관이 변할 때까지 가까이서 반복적인 확인이 필요하다. 습관이 변할 때까지 사랑으로 반복적인 안내가 필요하다. 관심과 사랑이 없이는 불가능한 것이다. 누가 어디서 이러한 헌신적인 봉사를 할 수 있을까. 많은 아이들을 대상으로 정해진 수업진도를 진행해야 하는 학교에서는 어렵고, 시험문제 잘 푸는 스킬을 알려 주기에 바쁜 학원은 더더욱 어려울 것이다. 어디일까? 평생 최고의 선물이 될 '좋은 습관'을 만드는 최적의 장소는 우리네 어머니가 계시는 곳이다. 물론 아버지를 제외시키는 것은 아니다.
   가정이다.

습관은 '발견'하고 '키우는 것'이다.
그래서 부모님의 의지와 인내도 필요하다.

   웬디 우드의 『해빗』에서 말하듯 인간의 습관적 사고는 인간 행동의 95%를 조종하거나 통제한다고 한다.
   그렇다면 우리 어머님들께서는 커 가는 자녀에게 어떤 습관이 중요하다고 생각하실까? 그 생각을 아이가 잘 지키고 있는가? 자녀의 습관을 위해서는 부모님의 의지가 필요하다. 때로는 자녀하고도 싸워서 이겨야 한다. 습관문제는 꼭 이기시길 응원해 주고 싶다. 어느 어머니는 반찬 투정하는 아이는 굶기기까지 한다고 한다. 어느 어머니는 한술 더 떠서 굶기면서 간식도 주지 않는다고 하신다. 그런 어머니를 우리가 그냥 매정하고 사랑이 없다고 단언할 수 있을까.

필자의 집은 물과 과일을 강조한다. 성인 남자들의 어려운 습관이 의외로 '물과 과일' 섭취다. 남자라는 동물(?)은 '과일은 먹기에 귀찮은 것'이고, 물은 '시원해야 한다'라는 고정관념이 있는데, 아내가 6개월 동안 우리 세 남자의 습관을 바꾸어 놓고 있다. 아침에 일어나면 미지근한 물이 식탁에 놓여 있고, 냉장고 문을 열면 맨 앞에 먹기 좋게 잘라 놓은 사과(과일)가 있다. 빈 컵과 과일 양을 체크하고 불량자를 찾아내 먹도록 했다. 그 결과로 이제는 3명의 남자가 알아서 일어나자마자 먼저 뜨거운 물 반, 차가운 물 반을 부어서 마시고, 아침식사 전에 사과 한 조각을 먹고 있다. 장(腸)이 변하고 변(便)의 색깔이 변했다. 이제는 아침이면 냉장고에서 사과 한 조각을 찾고, 정수기에서 미지근한 물을 먹는 것은 자연스런 일이 되었다.

아침에 일어나는 시간도 쉽지 않은 습관이다. 그러나 성공한 사람들의 공통점이 '일찍 일어나고 새벽에 뭔가를 하는 사람'이라는 것은 공식처럼 들리고 있다. 물론 직종에 따라서 이 시간 관리의 의미는 다를 수 있다. 문제는 일찍 일어나면 내가 하고 싶은 것을 할 수 있는 시간적 공간적 기회가 많다는 점이다. 이 기회는 일찍 자야 가능할 것이다. 특히 초등 시기는 내 아이에게 맞는 수면 시간, 취침, 기상 시간, 수면 방법을 찾아가는 시간이라고 생각하면 좋다. 잠을 부르는 호르몬인 멜라토닌이 분비되기 시작하는 시간은 보통 밤

9~11시이고 새벽 2시경 최고조에 달하기 때문에 초등학생이라면 10시 이전에는 잠자리에 들라고 권장한다. 그래서 아이들이 10시경에는 잠을 자고 7시에는 일어나는 습관을 확인하고 키워 주어야 한다. 이것 또한 6개월간의 꾸준한 부모님의 노력이 필요하다. 그리고 이 습관이 유지되도록 초등학교 졸업할 때까지 꾸준한 인내를 가져 주어야 한다.

좋은 습관이야말로 가정에서 부모가 아이들에게 남겨 주어야 할 최고의 선물이자 유산이다. 그 그릇이 아이가 미래에 살아내고 살아갈 힘을 담아낼 것이다. 그 그릇을 만드는 과정에 우리 부모님들의 역할이 빠질 수 있을까. 습관그릇이 만들어지는 최소 12살 이전까지 가정에서 부모의 생각과 아이의 상황에 맞게 진행하는 가정학습이 무엇보다도 중요하다.

'습관그릇'은 만들어지는 것이고, 그 최적의 장소가 가정이라는 사실을 잊어서는 안 된다. 습관은 가르친다고 만들어지는 것이 아니다. 가정에서 사소한 습관들을 발견하고 반복하고 참아가면서 정성을 다하여 그릇을 만들어 가야 하는 것이다. 그럴 때 아이들의 습관은 깨지지 않는 탄탄한 그릇이 될 것이다.

가정이라는 학교에서 '습관그릇'을 최대한 크게 키워 주자.

이것은 사회에 나가서 살아내고 살아가는 데 큰 위력을 발휘할 것이다.

작은 습관부터 시작이다. 티끌 모아 태산이다

성공한 사람의 겉모습만을 보지 말고, 성공한 사람의 행동을 보자. 그들은 메모를 잘한다. 얼굴에 미소가 있다. 인사를 잘한다. 규칙적인 취침을 하고, 자고 나서 이불을 정리한다. 주변 정리가 깔끔하다. 일이 밀리지 않는다. 그리고 그들은 책을 읽고 있다. 그러나 그러한 행동들을 우리는 다 알고 있다. 다만 안 하거나 못 하고 있을 뿐이다. 작은 습관의 실천이 없었기 때문이다.

티끌 모아 태산이다.
티끌을 보며 태산을 상상할 수 없다. 그러나 태산도 아주 작은 티끌이 쌓이고 쌓여서 이루어진 것이다. 갓 태어난 아이는 인물상을 예견하기 어렵다. 그 아이도 아주 작은 습관이 쌓이고 쌓여서 어떠한 인물로 만들어지는 것이 아닌가.

2016년에 완성된 555m(123층)에 달하는 국내 최고 건물인 제2 롯데월드도 7여 년의 시간이 걸렸다. 이것 또한 하나의 멋진 건물이지만, 어마어마한 자재와 시스템과 노력들의 집합체이다. 외벽에 2만 1,000여 개의 커튼월과 4만 2,000여 장의 유리창, 기초공사로 지하 38m 깊이로 터를 파고 암반층에 길이 30m, 지름 1m의 쇠기둥 108개를 박고, 그 위에 4,200t의 철근과 8만 t의 고강도 콘크리트, 그리고 연간 투입된 77만 6,000여 명의 공사인원이 있었던 것이다.

국내에 복귀한 미국 메이저리그 추신수 선수는 살아 있는 전설이다. 아시아 선수 최초로 200회 홈런 기록, 최다 연속 출루 등 압도적인 기록들을 보유하고 있다. 그에게는 19년 동안 변하지 않은 본인 규칙이 있다고 한다. 그는 다른 동료들은 9~10시에 출근하지만, 그는 새벽 4시 30분부터 경기장에 나와서 가장 일찍 훈련을 시작한다고 한다. 계속 그 습관을 그렇게 유지하는 이유는 그렇게 안 하면 지금까지 해 왔던 것들이 사라지기 때문이라고 한다.

이와 같이 작은 것들의 모임, 작은 행동들의 유지가 국내 최고, 아시아 최초 등의 수식어가 따라 붙는 것이다. 알고 보면 크지 않는 것들이다. 티끌이었다고 감히 말하고 싶다. 그러나 그 티끌이 모이고 쌓이면 감히 범할 수 없는 위대한 힘이 된다. 다른 사람이 따라 할 수 없는 위력이다. 우리 부모님들이 작은 습관을 소중히 하길 바란다.

고치는 습관의 어려움을 아는가. 습관의 부정적인 의미의 이미지는 '버릇'이라고 한다. 소위 말하는 그 버릇은 나와 주변의 사람들에게 스트레스와 불편을 주곤 한다. 그러나 그 버릇을 없애는 데에는 더 큰 고통과 노력이 필요하다.

어차피 허기를 달래기 위해, 영양소를 채우기 위해 음식을 먹어야 한다. 그럼 어떤 음식을 어떻게 먹으면 더욱 건강에 좋은가? 맵고 짠 라면인가? 조미료가 적은 토속식품인가? 맵고 짠 라면을 먹는 사람은 잘못된 버릇이 생긴 사람이다. 라면 한두 번 먹는 것이 나쁘다는 것은 아니다. 그런 라면을 습관적으로 먹는 버릇이 염려가 된다는 것이다. 이로 인해 위나 장의 다른 문제가 발생되기 때문이다.

**이렇게 습관이 최상의 하인이 될 수도 있지만,
최악의 주인이 될 수도 있다.**

건강을 생각하는 작은 습관은 당연히 손 씻기다. 질병의 60%가 손을 통해서 전염될 정도이다. 손을 비누로 깨끗이 씻는 것만으로도 99.8%의 세균이 제거된다고 들어서 알고는 있다. 과연 얼마나 많은 사람들이 습관이 되었을까? 전염이 강한 코로나의 끝을 모르는 지금도 화장실에서 손 씻지 않고 그냥 나가는 사람들이 눈에 띈다. 무의식적으로 그냥 화장실을 나가는 것이다. 손 씻기가 귀찮은 것이라고 생각하는 버릇이다. 즐기지 못하고 빨리 마시는 술 습관을 10년째 어찌하지 못하고 있는 필자를 보면, 아무리 보아도 습관은 고치는 것이 아니라 잘 만드는 것이다. 인간 행동의 대부분이 무의식중에 행해진다는 말이 맞나 보다. 참 무서운 습관이다.

한번 든 습관과 버릇은 고치기 정말 어렵다.
아이들이 습관을 만드는 시기를 놓치지 않도록 하자.
길들여진 작은 습관의 무서움이 있다.

하얀 옷에 물든 빨간 김칫국물처럼 빠지질 않는다. 그래서 세 살 버릇 여든까지 간다고 하지 않는가? 고쳐야 하는 '버릇'이 되기 전에 좋은 '습관'이 만들어지고 쌓여 성공이라는 태산이 되도록 관심을 가져야 한다.

"행동의 씨앗을 뿌리면 습관의 열매가 열리고, 습관의 씨앗을 뿌리면 성격의 열매가 열리고, 성격의 씨앗을 뿌리면 운명의 열매가 열린다." 습관에 대한 나폴레옹의 유명한 말이다. 인재들의 능력은 학습되는 것이 아니라 작은 일상들이 몸에 배도록 습관화하는 것이기에 노력이 필요하다. 그 보여지는 행동이 그 사람의 인성이 되고, 그 사람의 태도가 되는 것이다. 티끌과 같은 작은 습관이 보여 주는 큰 위력이 되는 것이다.

일찍 자야 일찍 일어나는 것은 아주 뻔한 공식이다. 계속 반복되지만 버릇은 좋지 않는 습관이다. 중·고등학생이 되어 스마트폰 중독이 되어 버린 아이를 일찍 자게 해 주고 싶다는 이유로 스마트폰을 반납하라고 할 수 없다. 그게 없으면 안 되는 아이가 되었기 때문이다. 중요한 것은 그렇게 되기 전에, 다시 말해 아직 부모의 말에 순종하는 초등 시기에 좋은 습관은 더해 주고 안 좋은 버릇은 빼는 시도를 해야 한다. 그 시기를 놓치고 다 큰 아이들에게 훈계를 하니 서로의 관계만 나빠진다.

얼마 전 우연히 유튜브 채널에 서울대 의예과에 재학 중인 김규민 학생이 나왔다. 그 학생은 고등학교 3학년 내내 저녁 11시에 잠들고 아침 4시 30분에 일어났다고 한다. 그러면서 한 말이 잠드는 시간은 11시로 지키는데 "핵심은 '4시 30분에 일어난다'가 아니라 '아주 상쾌하게 눈이 떠지는 시간', 그 시간이 4시 30분이었다"이다. 나만의 적절한 수면 시간과 기상 패턴을 찾았다는 점에서 남다르다. 거기에서 습관이 된 것이고 나름대로 본인이 만족하는 결과를 도출하고 하고 싶은 것을 여유 있게 하고 있는 것이 아닐까.

아이들에게 작은 실천거리는 찾아 주자.

우리 자녀들이 태산을 만드는 데에 소요되는 시간이 있다. 더 늦어지기 전에 그들에게 필요하고 소중한 티끌을 하나씩 하나씩 찾아서 만들게 해 주자. 태산은 결코 하루아침에 이루어지지 않는다.

결국 '작은 것'들이다. 하루 한 번 포옹, 하루 30분 독서, 하루 3장 학습지 문제 풀기, 하루 5분 스트레칭, 하루 5분 글쓰기, 반갑게 인사하기, 내가 사용한 신발과 수건 정리하기, 일주일에 딱 20분… 모두가 작은 것들이다. 그러나 작은 것들의 위대함은 상당하다. 아이들이 하루 3장 학습지를 푸는 것은 어렵지 않다. 매일 3장이 일주일 뒤 21장이 되고, 한 달 뒤 90여 장이 되고, 365일 후면 약 1,100장이나 된다. 이는 200페이지의 책 5권 분량이고 가정학습지면 상당한 진도를 나가게 된다.

  티끌 모아 태산이다.
  매일 실시하는 작은 행동의 실천을 절대 작게 생각하면 안 된다. 작고 사소해 보이는 습관 하나하나가 모여 아이의 인성과 성적, 더 나아가 미래를 결정할 그릇이 된다.
  그 그릇을 만드는 데에는 부모의 역할이 있고, 아이의 역할이 있다. 하지만 거창하지 않다. 각자의 작은 역할을 반복적으로 꾸준히 하면 내일을 멋지게 살아내고 살아가는 힘이 될 것이다.

'습관그릇'은 재능이 아니라 '반복'으로 탄탄해지는 것이다

  '엄마, 엄마, 아빠, 아빠'라는 소리를 3,000번 반복해야 아이가 엄마 아빠를 자연스럽게 부를 수 있다고 한다. 그리고 아이들의 언어 발달과 좋은 어휘력을 위해서는 생후 1년간 최소 3,000~5,000시간 반복적으로 언어 노출이 필요하다고 한다. 쉽게 계산하면 1년 동안 매일 13시간씩 부모의 적극적인 노력이 필요한 셈이다. 아이들의 풍부한 어휘력은 이해력을 통해 표현력과 발표력까지 연결된다. 반대로 어휘가 부족하면 자신의 기분을 말로 정리할 수 없기에 정서가 불안정한 상태가 되기도 한다. 따라서 어휘의 중요성 때문에 부모들은 배 속에 있는 아이에게 동요를 반복해서 들려주고, 책을 읽어 주고, 말 걸기에 매우 열정적이다. 무조건적인 인풋이다.

  필자가 2년 전에 일어 JLPT 시험을 준비할 때 어휘, 문법, 독해, 청해 중 가장 어려웠던 분야가 어휘와 청해였다. 어휘는 반복을 통한 암기가 최선인데 반복적으로 외우는 노력이 부족했다. 듣기는 암기도 아니라 감각적이어서 역시 더 많은 반복적인 훈련과 시간투자가 필요했다. 그러나 이런저런 핑계로 좋은 점수는 어려웠고, 잘할 수 있는 영역에서 합격전략을 세워 2급을 패스했다. 외국어 학습하는 데 있어서 어휘 암기는 절대적으로 필요하고, 최고의 비법은 반복하는 것이다.

'습관그릇'은 이해하는 것이 아니라 실천하는 것이다.
반복을 통해 탄탄하게 만들어야 한다.

신사적인 운동이라는 테니스에서 가장 기본은 포핸드다. 포핸드 치는 법은 '스플릿스텝을 한다 → 라켓을 뒤로 뺀다 → 왼쪽 어깨를 집어넣는다 → 왼발이 한 발 앞으로 나간다 → 공을 본다 → 어깨와 몸을 돌리면서 라켓이 나간다 → 이때 머리는 흔들리면 안 된다 → 공을 끝까지 본다 → 라켓 중앙에 공을 맞춘다 → 왼발과 같은 위치에서 맞추고, 라켓은 풀스윙으로 왼쪽 몸 뒤까지 보낸다'이다. 그렇다면 이 프로세스를 실제 테니스 경기에서 의식적으로 할 수 있을까? 불가능하다. 1초도 아닌 시간에 휙 지나가는 빠른 볼을 생각하면서 할 수는 없는 것이다. 그저 무의식적인 상태로 공을 맞추는 것이다. 이 무의식적인 상태가 될 때까지 무한정 반복 연습이 필요하다. 그래서 코치는 처음에는 다양한 기술을 가르치기보다는 계속 공을 던져 주고 초보자는 자세가 잡힐 때까지 연습하고 연습한다. 간혹 레슨 과정에서 운동을 그만두는 사례가 있다. 그 반복되는 과정에 지루함을 느끼기 때문이다. 그것의 이유가 혹시 어려서부터 하기 쉬운 것을 위주로 한 것이 아닐까. 참아 내며 해야 되는 것을 어렵다는 이유로, 지겹다는 이유로 포기하는 버릇이 만들어져 있지는 않을까. 운동처럼 반복연습을 많이 하는 분야는 없을 것 같다. 필자는 무엇인가를 잘하기 위한 반복의 중요성과 필요성을 알기에 테니스 구력 10년이 넘었어도 가끔 레슨을 받곤 한다. 연습은 배반하지 않는다. 공부도 마찬가지다.

 이렇듯 우리 일상에서 언어발달이든 언어학습이든 시험공부든 운동이든 무엇이든 잘하기 위해서는 몸에 밸 때까지 끊임없는 '반복연습'을 해야만 한다. 알고 이해하는 것만으로는 안 된다. 몸으로 익혀서 내가 할 수 있는 상태가 되어야 한다. 머리로 이해한다고 해도 실제로 할 수 없다면 그것은 모르는 것과 같은 것이다. 문제풀이 방법이나 요령을 알아도 실제로 해 보았는데 못 풀거나 풀이 속도가 현저히 느리다면 그것은 모르는 것과 다를 바 없는 것이다.

습관이라는 것은 무의식적인 행동이다.
'반복, 반복, 반복'이 필수 조건임을 부모가 먼저 확신하자.

 잘할 수 있는 상태는 누가 가르쳐 준다고 생기는 것이 아니다. 아이 스스로의 힘으로 끊임없이 반복하고 연습하고 훈련하는 과정을 통해서 비로소 키워지는 것이다. 피겨의 여왕 김연아 선수는 하나의 점프 기술을 익히기 위해 3천 번이 넘는 엉덩방아를 찧었다고 한다. 어떤 일에 전문가들은 처음부터 다시 반복, 또 반복한다. 처음에 설정했던 목표를 마침내 완벽히 달성할 때까지, 이전에는 고전했던 부분을 나무랄 데 없이 능숙하게 해낼 때까지, 신경 쓰였던 기술 부족이 무의식적인 자신감으로 바뀔 때까지 반복한다.

  공부를 잘하는 아이들에게 중요한 습관이 하나 있다. 그들은 자기의 시간을 가지려고 한다. 그 이유는 몸에 밸 때까지의 연습이 주는 효과를 알고 있기 때문이다. 그래서 그들은 평범한 것, 배운 것, 알고 있다고 생각하는 것을 확실히 할 수 있도록 반복연습을 한다. 이해의 수준에서 멈추지 않고 본인의 힘으로 할 수 있는 상태가 될 때까지 많은 양을 참고 연습하는 태도가 있다. 그 반복 연습을 통해 '내가 언제든지 확실하게 할 수 있다'라는 방법을 깨닫게 된다. 그래서 학원에 빼앗기는 시간을 부담스러워하는 것이다. 이는 자기의 시간에서 본인이 원하는 것을 얻었고, 자기가 하고 싶은 것에 집중하여 정확하게 그리고 빨리 끝내는 '했다, 해냈다'의 성취감을 맛본 아이들일 것이다.

  공부는 절대적으로 자기의 시간이 필요하다. 그러나 시간이 주어짐에도 그 시간을 이용할 줄 모르는 아이들이 있다. 혼자 있는 시간을 효율적으로 활용하는 경험이 적다 보니 습관이 안 되어서 그런 것이다. 우리 부모님들께서 꼭 아셔야 할 포인트가 있다.

수학능력시험, 학교 시험성적이 중요하다고 한다면, 시험을 볼 때 결국에는 혼자 풀어내어야 한다는 것이다. 잘 안 풀리고 생소한 문제임에도 불구하고 단련된 마음의 근육을 동원하여 침착하게 한 문제 한 문제 해결해 나가는 습관이 중요한 것이다. 이 과정이 인생하고 다를 것이 없다.

그래서 공부를 하는 학생이지만, 당장의 시험이 아니라 공부를 통해서 인생을 스스로 꾸려갈 힘을 길러 주기를 바란다. 이 힘은 AI 인공시대, 즉 인간의 일을 대신하는 시대에 인공지능에서 휘둘리는 것이 아니라 인공지능을 다룰 인재를 키워 줄 것이다. 남에게 의지하는 공부는 위험하다.

'착실하게 반복하는 것'의 어려움을 알아야 한다.
자녀가 참아 내도록 부모가 먼저 참아야 한다.

아는 것에서 끝나지 않고 잘하기 위해서 반복이 필요하고, 전문적인 실력을 위해서 반복연습이 필요하다. 착실한 반복연습의 과정은 고달프고 힘들다. 단순하지 않다. 특히 공부를 그렇게 한다는 것은 더 어려울 것이다. 그 고달프고 지겨운 반복연습을 이겨 낸 사람은 그렇지 않은 사람보다 분명히 더 나은 결과를 갖는다. 이 태도가 이후 우리 아이들의 삶에서 돈으로 살 수 없는 힘이 될 것이다. 전문가들은 말한다. **'의식적인 반복에는 많은 노력이 필요하며 즐겁지**

않은 일'이라고. 그러나 하나씩 하나씩 이겨 내었다고.

물속에서 17분간 숨을 참아 세계신기록을 수립한 마술사 데이비드 블레인은 "마술은 연습과 훈련과 실험을 통해 고통을 참으며 할 수 있는 한 최선을 다하면 됩니다"라고 말한다.

아이들이 '반복연습'을 통해 잘하게 된 것은 크게 칭찬을 해 주자.

이렇게 보면 반복이라는 것은 학습적인 복습만을 의미하는 것이 아니다. '인생의 소중한 태도'를 만들어 가는 것임에 틀림이 없다. 내가 할 수 있는 상태까지 참고 연습하는 인내와 끈기, 그릿(grit-성공을 끌어내는 용기, 노력)의 모습이다. 이 습관이 이후 우리의 삶에서 의도적인 반복을 통하여 스스로를 만들어 갈 것이다. 반복연습이라는 작은 습관이 큰 위력을 발휘한다. 아이들에게 '반복연습'이 습관이 되기 전까지는 어려울 수 있다. 하나의 반복을 통해 잘하게 된 아이의 모습을 발견하고 크게 칭찬해 주자. 그게 그릿이 커 가는 시작점이 될 것이다. 가끔은 자녀를 위해 냉정한 부모가 되어야 한다. 좋은 인심이 아이를 그르칠 수 있다.

기술
공부
운동
심지어 젓가락 사용까지

반복을 하지 않고 능숙함에 이를 수 있는 것이 얼마나 많을까.
그것을 알고서도 못하는 것은 무엇일까.

어떻게 보면 어려서 아이들이 몸으로 익혀야 하는 것은
능숙함을 위해서 반복이라는 것은
자연스러운 과정임을 알아야 하지 않을까.
그 의식이 본인에게 살아내는 힘을 줄 것이다.
초등학교까지의 그 골든타임을 가정에서 놓치지 말자.

'습관그릇'은 재능이 아니라 '반복'으로 탄탄해지는 것이다.
'반복'은 단순히 skill을 위함이 아니다.
나의 목표를 위해 참고 연습하는 인내와 끈기를 배우는 수단이 됨을 알아야 한다.

부모는 삶으로 말한다.
부모의 삶이 아이에겐 습관이 된다

"가정은 나의 대지다. 나는 거기서 나의 정신적인 영양을 섭취했다." (펄벅)

"가정은 도덕의 학교이다." (페스탈로치)

"부모가 되지 말고, 부모로서 인간이 되시오." (하임 G 기너트)

"자식에게 어머니보다 더 훌륭한 하늘의 선물은 없다." (에우리피데스)

"나는 세계에서 가장 좋은 신학교에서 공부했다. 그것은 바로 어머니의 품속이다." (선사 싱)

"아버지의 사랑은 무덤까지 이어지고, 어머니의 사랑은 영원까지 이어진다." (러시아 속담)

"아버지의 덕행은 최고의 유산이다." (영국 속담)

    자녀교육에 있어서 가정과 부모의 영향력은 아무리 보아도 큰 것임에 틀림이 없다. 우리가 하는 행동의 대부분이 의사결정의 결과가 아니라 습관 덩어리이다. 그 습관이 다듬어지고 만들어지는 중요한 시기와 장소가 초등학교까지 가정임을 볼 때 부모의 영향력은 더욱 커 보인다. 그러나 참교육, 인간교육, 미래형 인재교육 등 많은 교육정보들… 그 정보를 접하는 부모의 마음은 해답을 얻어서 시원하기보다는 알게 되니 더 부담될 뿐이다.

　부모가 좋은 교육 기회와 환경을 타고났다면 좀 더 나은 자녀교육을 할 수 있는데. 가끔은 아쉽고 미안한 마음에 우리는 학원이나 기관에 자식을 맡기고 의지한다. 자식이 잘되기를 바라지 않는 부모가 어디 있겠는가? 내가 낳은 자식들을 위해 부모로서 무언가 해보려고 노력을 한다. 그러나 주변으로부터 돌아오는 반응은 "과잉친절이다. 학원돌리기다. 부모욕심이다" 등 의외의 조언과 주의들이다. 차라리 하지 않는 편이 더 좋은 것인가? 때로는 포기도 해 본다. 그러나 다시 또 한다. 이 땅의 부모들의 마음이 아니겠는가.

우리의 삶이 아이들에게 어떠한 영향을 주었을까?
우리 부부는 아이들 교육을 위해 무엇을 했을까?

　필자는 대학을 졸업하자마자 살 집이 없었다. 그 당시 구몬관리자인 아내는 있는 돈 없는 돈 다 끌어 모아서 월세로 지하에 보금자리를 틀었다. 남자의 뻔뻔함일지 모르겠다. 참 고마운 보금자리였다. 우리는 당연히 맞벌이를 해야 했고, 아이는 남의 손에 맡겨질 수밖에 없었다. 유치원에 보낼 때까지가 가장 어려웠다. 아침마다 포대기에 싸서 동네 아줌마의 등에 업혀 보내고, 저녁에 일찍 퇴근하는 사람이 찾아오기. 안타깝게도 아줌마가 갑자기 바뀌면, 동네 전봇대에 '아기 봐 주실 분 급구함'이라는 광고지 붙임도 여러 번. 그것도 안 될 때는 형수님들에게 강제로 떠맡기고 주말에 얼굴도장 찍고,

아기를 형님 집에 두고 다시 빈 집으로 돌아와 말없이 허전함을 달랬던 나날들. 그리고 유치원부터 둘이 손잡고 쌍둥이 소리 들어 가며 학교, 학원 잘 다니며 살아온 아이들이다. 필자네 집만의 일은 아닐 것이다.

아이 교육이 먼저였나, 우리 삶이 먼저였나를 구분하기는 쉽지 않지만, 우리는 살아가기 위해서 노력을 한 것은 확실하다. 필자는 하고 싶은 것이 항상 있었고, 그것을 위해 준비하고 배우고 이루어 내고 있다. 그 노력의 흔적이 책이었고, 공부였고, 배움이었다. 그 배움의 과정을 아이들은 보았을 것이다. 밥상머리에서 필자의 배움의 즐거움을 아이들이 들으면서 자랐을 것이다.

필자가 거실에서 책상에서 책을 보는 모습은 아이들 뇌리에 남아 있을 것이다. 술을 좋아하지만 할 것은 하는 아빠, 하고 싶은 것은 포기하지 않고 끝까지 하는 아빠, 항상 무언가 배워 가며 삶을 만들어 가는 아빠, 그런 아빠의 모습이 두 아이들에게 남아 있으면 좋겠다. 앞으로도 계속 그 마음은 변치 않고 살아갈 것이다. 필자는 그것을 교육이라고 생각한다.

그렇게 아이들은 커 갔다.
그 아이들이 지금은 어엿한 성인 대학생들이다. 큰놈은 언젠가 제주도에 3일간 홀로 여행을 다녀와서 '세상에 눈을 뜨게 해 준 아빠에게 고마워요', '엄마, 당신의 행동과 말과 모습이 모두 제 안에 그대로 스며들어 있습니다'라는 엽서를 식탁에 놓았다. 필자는 그 말의 뜻을 묻지 않고 그냥 "고맙다"라고 했다. 나름 감동이었다. 두 놈 모두 아직 큰 문제 없이 잘 살아주어서 고맙다. 더욱 고마운 것은 본인들의 길을 걸어가는 모습이다. 아빠 엄마에게 손 빌리지 않고 대학교 다니고, 하고 싶은 일을 찾아서 해 나가는 모습이 부모로서 고맙고 대견한 생각이 든다.

자식들을 가르치는 것보다 '무언교육(無言教育)'을 해 보자.

그 무언교육은 "내 자식은 어떤 사람으로 컸으면 한다"라는 부모의 마음이다. 그 마음이 나의 행동을 만들고 그 행동이 습관이 될 것이며, 아이들은 그 아빠 엄마의 행동을 보고 자라면서 하나하나 닮아 갈 것이다. 이것이 필자가 경험하고 짧게 공부한 바에서 얻은 작은 결론이다. 학교에서 몇 등을 하고, 어느 대학을 가고, 어떤 직업을 가지고, 어느 회사에 취직하고, 어떤 사업가가 되어야 한다는 것이 아니다. 아이 한 사람으로서의 주인공이 된 모습이다. "이 아이는 스무 살 성인이 될 때 어떤 사람이 되었으면 좋겠다"라는 이미지다. 나의 개인적인 욕심이 빠진 기대감을 가져 보자. 그리고 조용히 꾸준히 옆에서 지원을 해 주는 것이다. 이러한 부모의 생각과 태도는 결국 자녀에 대해 부모의 조급한 마음이 아닌 장기적인 생각과 플랜을 갖게 할 것이다.

아이들에게 암묵적으로 부탁하고 바라는 모습이 있다.

　세상에서 꿋꿋하게 살아가는 사람이기를 바라는 마음이다. 남에게 의지하지 말고 본인이 본인의 삶을 만들어 가는 것이다. 거기까지 필자가 만들어 주고 싶었다. 그다음부터는 그 힘을 기본으로 본인의 길을 찾고 만들어 가기를 바라는 마음이다. 그 시기가 대학교 입학까지다. 그래서 경제적 지원도 대학입학 등록금까지라는 규칙을 정했다. 필자가 지금껏 혼자 알아서 살아왔으니, 너희도 그렇게 살아 보라고 하는 것은 아니다. 그렇게 살아 보니 좋아서, 그 길을 보여 주고 안내해 주고 싶은 것이다. 그 생각으로 아이들과 살아왔는데, 우리 아이들을 볼 때 그렇게 나쁘지는 않다고 생각한다. 자기 길들을 찾아가고 그 과정에서 필요한 것을 배워 가는 모습을 보니 행복하다. 배운다는 자세, 살아내는 힘만 있으면 살아가는 것은 결과라고 생각한다. 그 마음을 가진 부모의 거울을 보고 아이들이 커 가기를 기대해 보자.

　코로나로 인해서 좋은 온라인 교육이 홍수다. 시공간을 초월해 배울 수 있는 프로그램과 퀄리티도 나날이 발전되고 있다. 코로나가 그나마 우리에게 주는 이점 중의 하나일 것이다.

　얼마전에 지인의 추천으로 '감성 시'를 알게 되었다. 이 '감성 시'는 현대인들의 복잡하고 피곤한 마음을 치유하는 방법 중 하나로 사랑을 받고 있었다. 그래서 저녁 시간을 이용해 매주 1회 8주간에 걸쳐 윤보영 시인님의 '감성 시'를 배워 보았다. 퇴근 후 학원이나 모임에서 하기에는 어정쩡한 주제인데 온라인이니까 부담이 없었다.

일반적으로 시(詩)라 하면 어렵게 생각하는데, '감성 시'는 일상에서 사랑과 행복을 편하게 메모하는 것이라 시를 쓰면서 고통보다는 행복한 마음이 생긴다. 배우다 보니, 무언가 결실에 대한 욕심이 돋아 함께 배우는 사람들과 동인 시집 『무심에서 감성으로: 마음에 핀 꽃』도 출간하였다. 이 시집을 아내와 아이들에게 선물로 주려고 한다. 아이들은 어떤 생각을 할지 궁금하다.

아파트의 놀이터에는 뛰어 노는 아이들과 그 아이들을 조바심으로 지켜보는 엄마들이 있다. 단지를 산책하다 그 모습을 보고 순간 메모를 하였다. 잠깐 어머니 독자님들의 쉬어 가는 코너가 되길 바란다.

놀이터 엄마

이계선

벤치에 앉았어도
아이 따라다니는 눈은
깜빡일 틈도 없이 바쁘고

팔짱을 끼고 서 있어도
혹시 넘어질까
걱정은 심장보다 빨리 뛴다

엄마들의 보이지 않는 걱정이
놀이터를 웃음소리 나게 만들고
아이들의 생각을 넓혀 준다

우리 어머니도
그러셨을 텐데
어머니 고맙습니다

**최선을 다해 살아가는 부모의 방식을 만들어 가자.
'거울'이 되는 것이다. 또 하나의 '습관그릇'이 만들어질 것이다.**

    LG그룹 최초 여성 임원이 되셨던 배우 윤여정 님의 동생 윤여순 님은 성공 비결로 모친의 산 교육을 꼽았다. 세상에 험난하고 어려운 많은 일들, 작은 일이든 큰일이든 대충하시지 않고 항상 최선을 다하시는 모습. 어디 가서 도움을 청하지 않고 내가 스스로 다 한다는 독립심이 강하신 어머니를 옆에서 보고 살다 보니 몸에 배었다는 그분의 말씀이 시사한 바가 크다.

부모 마음을 아이에게 '하게 하느냐', '하도록 만드느냐', '할 때까지 기다리느냐'가 자녀훈육 방법이지 않을까. 거기에 '바른 부모로서 열심히 살아가는 모습'은 어떨까. 아이들은 보고 배우고 따라 하는 천재들이다. 우리가 바른 생각을 가지고, 자신과 가족과 사회를 위해서 열심히 노력하는 모습 자체가 자녀교육방법으로서 충분하지 않을까.

필자처럼 뭔가를 배우는 것 자체가 모델이라고 말하는 것은 아니다. 더 나은 삶을 위해 나름대로 어려운 여건 속에서 무언가를 하려는 모습. 이것 또한 아이들에는 대충 살지 않고 열심히 살아가는 부모의 모습이 아니겠는가. '부모의 산 교육'의 의미를 생각해 보자.

> 아이들이 혼자 해 보는
> 하나하나의 경험들이 살아가는 힘이 된다.

5장

이제 살아내는 힘을 위한, Pr6다!

Pr1. 우리 부모가 거울이 되어야 한다
- 나쁜 것은 아이들이 아니다 -

"사랑하는 아빠께. 아빠 생신 축하드려요~! 항상 열심히 가족들 위해서 일하시는 아빠를 보면 멋지고 자랑스러워요. 저도 나중에 아빠같이 멋지고 자랑스러운 아빠가 되고 싶어요. 그리고 저를 잘 키워 주셔서 감사합니다. 그리고 책 잘 안 봐서 죄송해요. 사랑합니다. 창환 올림."

"아빠 우선 생신 축하드려요~ 아빠는 참 열정적인 모습이 좋아요. 일본어 공부도 그렇고, 테니스 치시는 모습을 보면 하는 일마다 긍정적이고, 신나고 열정 넘치시는 것 같아서 보기 매우 좋아요. 저도 열정적으로 살게요. 사랑해요~ 동훈 올림."

2014년 3월 14일에 두 아들에게서 받은 생일 축하 편지 내용의 일부다. 두 아이가 마음속에 그러한 아빠 이미지를 가지고 있다는 것에 많이 놀라웠다. 아이들이 우리 어른들을 다 보고 듣고 판단을 한다고 생각하니 무서울 정도였다. 그럴 때마다 필자의 행동에 더욱 조심을 하고 더 열심히 사는 태도가 중요함을 깨닫는다.

이렇듯 어린 자녀들은 자기 부모를 흉내 낸다. 다른 길잡이가 없을 때 주변에 있는 사람의 억양, 습관, 태도를 흉내 내는 방법 외에 무엇을 선택할 수 있겠는가? 자녀들은 함께 지내는 사람들처럼 말하고 행동한다. 성인을 따라 하려는 어린아이의 본능은 매우 강하다.

미국의 심리학자 반두라는 보보 인형을 실험을 하였다. 한 아동 앞에서 성인이 그 인형을 발로 차고 마구 때리고 집어 던지는 등 폭력적인 행동을 연출했다. 이와 같이 공격적인 행동을 보여 준 후 자리를 떠나자, 그 광경을 지켜보았던 아동이 어른의 공격적인 행동을 그대로 반복하였다. 이렇듯 아동은 발달과정에서 다양한 모델들을 통해 사회적인 학습을 하게 된다는 것이다. 그 첫 모델링(modeling)이 바로 부모라는 것을 알아야 한다.

나쁜 것은 아이들이 아니다.
우리 부모가 거울이 되어야 한다.

리서치기관 리모션에서 확인한 '초등학생 학습 현황 파악을 위한 조사, 2015'에 의하면 구몬학습 상위 1% 회원들이 존경하는 인물 1위는 다름 아닌 아버지, 2위는 어머니, 3위는 부모님이었고, 그 뒤는 있는 인물들이 이순신, 세종대왕, 반기문, 담임 선생님, 빌 게 이츠, 아인슈타인, 에디슨 순이었다. 가장 존경하고 영향을 많이 받는 롤 모델이 아빠라는 것에 놀라움을 준다. 독서량이 많고, 자기주도학습이 뛰어나고, 학교에서 성적도 뛰어난 우수회원들이 부모님에게 자부심과 존경심을 느낀다는 것이다. 그들은 부모를 흉내 냈을 뿐 아니라 본받으면서 성장한 게 분명하다.

실제로 그런 아이들의 부모들은 거의 예외 없이 근면함의 모범을 보이는 존재로 열심히 일한다는 평을 받을 것이다. 자신이 하려는 일에 최선을 다할 것이다. 그 아이들은 하는 일을 다 끝내고 놀아야 하며, 장기적 목표를 향해 노력해야 한다고 믿고 있었다. 우리 부모가 아이들을 보고서 잘못된 점을 발견하고 부족한 점을 확인할 때 우리 자신을 되돌아봐야 한다. 우리 부모가 인생의 목표에 얼마나 많은 열정과 끈기를 가지고 있는지 자문해 보자. 그런 다음 현재의 양육방법에서 자녀가 당신을 본받게 만들 가능성이 얼마나 있는지 자문해 보자. 강하고 가능성이 있으면 아이들은 잘 자라고 있는 것이다. 성공을 할 때는 창밖을 바라보고 실패를 할 때는 거울을 바라본다는 말이 참 명언이다.

나쁜 것은 아이들이 아니다.
아이들을 지지하고 아이들에게 요구를 하자.

미국 심리학자 래리 스타인버그(Larry Steinberg)는 40년간의 면밀히 설계된 연구 결과를 내놓았다. 성이나 민족, 사회 계층, 부모의 결혼 상태에 상관없이 '다정하고 자녀를 존중하며 요구를 많이 하는 부모'를 둔 청소년들이 학교 성적이 좋고 독립적이었다. 불안과 우울 증상이 적고 비행에 가담할 가능성이 낮았다. 그 결과는 거의 모든 국가와 모든 발달 단계의 아동에게서 동일한 양상이 확인되었다고 한다. 부모들의 지지와 존중, 높은 기대 속에서 성장할 때 아이들은 좋은 성품과 태도가 길러진다는 것이다.

자식에 대한 사랑과 헌신이 이 세상에 '엄마'만 한 존재가 어디 있을까? 그러나 무조건적인 사랑과 헌신의 아이콘인 엄마도 이제 워라밸(Work-life balance)과 시대의 흐름 속에서 바뀌어 가는 듯하다. '엄마와 아들'이 이제는 '나와 아들'이다. 자식을 위해 당신을 포기한 엄마는 이제 자신을 위해 인생을 선택하는 워킹맘의 시대가 되어가고 있다. 그러다 보니 자식의 생활에 대해서 이전과 같은 꼼꼼한 관리를 할 수 없게 되고, 세세한 관심 또한 낮아지고 있다. 그것은 아이들의 일주일간의 가정학습지 숙제를 해 놓은 상태를 보면 알 수 있다. 예전에는 숙제나 학습지를 밀리지 않도록 엄마가 체크를 했지만, 지금은 담당 선생님에게 아예 기대는 경향이 많아지고 있다. 가정 학습 초기에는 혼자 하는 습관을 만들어주는 것이 중요한데, 처음부터 알아서 하라고 피해 버리면 아이는 새로운 습관을 만들기가 어렵게 되는 것이다.

아이들에게 관심을 가지고 그들에게 지지를 적극적으로 하면서 요구사항도 전달해야 한다. 다행히도 우리 엄마들은 아이들에게 필요한 일이나 물건이 있을 때는 적극적으로 함께 알아본다. 선택하면서 많은 이야기를 함께 한다. 그 과정에서 아이들은 지지와 존중, 기대사항을 배우고 느낄 것이다. 아이들은 엄마를 잘 따라 한다. 아빠보다 엄마의 현명한 기준을 잘 아는 것 같다.

테니스를 좋아하는 나는 아이들이 초등학교에 다닐 때 주말 테니스 레슨을 시키면서 코트에 함께 갔다. 가서 공도 주워 주고, 열심히 공을 치는 모습 그 자체가 행복한 시간이었다. 그러나 축구에는 혼자 보냈다. 나는 축구에 관심이 없고 재능도 없기 때문이다. 엄마가 피아노에 관심이 많다면 아이를 피아노 학원에 함께 데리고 갈 것이다. 이렇게 우리 부모 자신의 관심사가 어떻게든 자녀에게 전달된다.

우리 어른들의 정보력에 따라 아이들에게 주는 정보의 양과 방향이 달라지는 것이다. 정보를 꾸준히 수집해서 아이의 가능성을 넓혀줘야 한다.

시대가 너무 빨리 변화하고 있다. 이에 정보도 홍수의 시대다.
정보력을 높이기 위해 텔레비전이나 신문의 언론도 있지만 인터넷 정보를 습득하는 것을 권장하고 싶다. 현실적으로 진학, 학업 등 교육적인 정보력도 필요하겠지만, 시대의 흐름을 읽는 정보력을 높이는 것을 권장한다. 시대의 흐름을 알게 되면 '자녀교육'에 국한되는 것이 아니라 '자녀 미래'에 대한 통찰력이 달라질 것이다. 트렌드에 쫓기는 것보다 트렌드를 쫓는 것이 좋으며 트렌드를 쫓는 것보다 트렌드를 읽는 능력이 더 필요하다고 한다. 그렇다면 자주 정보에 직접 접하고 이해하고 분석하는 시간을 갖는 것이 필요하다. 수동적인 언론에 의지하는 것보다 자녀와 함께 인터넷 검색을 해 보자. 그러면 정보 활용력도 높아지고 세계관 또한 넓어진다. 부모의 세계관이 넓어지면 필연적으로 아이의 세계관도 넓어진다. 더욱 좋은 것은 이러한 자세가 아이에게는 모르는 것, 알고 싶은 것을 찾아서 알아보는 자기주도학습이라는 좋은 습관으로 가는 길이 된다.

나쁜 것은 아이들이 아니다.
어른이 바른 방법을 보여 주자.

특히, 지금의 정보화 시대에 수많은 정보 중 허위 정보가 적지 않다. 허위 정보도 많다는 것이다. 그런 정보를 어떻게 구분하고 많은 정보를 잘 이해하는 능력도 필요시되는 시대이다. 이것이 '디지털 리터러시(digital literacy)'라고 한다. 디지털 시대에 필수적으로 요구되는 정보 이해 및 표현 능력이다. 이를 위해서 떠도는 인터넷에 의지하는 것이 아니라 전문 사이트에 직접 접속을 하는 것이다. '참기름이 코로나 바이러스를 죽인다'라는 인터넷 정보로 한동안 참기름 호황의 시간도 있었다. '보건복지부'에 들어가면 정확한 정보를 얻을 수 있었던 이슈였다. 이렇듯 관련 정부기관이나 전문 사이트에서 재확인을 하는 것도 하나의 정보 활용능력이라 하겠다. 또는

'원전(原典)'을 보는 방법도 좋다. 글이나 정보가 인용되고, 또 인용이 되면서 본질과는 다르게 전달되는 경우도 많다. 이럴 때는 자녀와 함께 원전을 보면서 원래의 의미를 알아보는 것이 좋다. 정보 시대의 홍수 속에서 정확하게 이해하고 올바르게 활용하는 능력을 키워 나가는 부모의 모습에서 아이들도 함께 커 가는 것은 당연하다.

누군가의 인생을 변화시키는 사람이 꼭 부모여야 할 필요는 없다고 생각한다. 다만, 아이들에게 통제보다 관심을 기울이고 어떻게 지내는지 살펴 준다면 큰 영향을 줄 수 있다. 그들의 하루 일과에 무슨 일이 일어나는지 살피고 좋은 일이 있으면 기뻐해 주고, 착한 일을 했으면 더 칭찬해 주고, 어려운 일이 있으면 그것을 겪어 낼 수 있도록 도와주고 응원하는 부모가 되자.

아이들도 식물처럼 적절한 양분과 물을 주면 아름답고 강하게 성장한다. 즉 아이들의 욕구에 귀 기울이고 그에 부응해 주는 것도 충분한 응원의 메세지 역할이 된다. 아이들은 자기 미래를 꽃피울 씨앗을 내면에 지니고 있다. 우리가 믿어 주면 자기만의 관심을 드러낸다. 내가 버틸 수 있는 힘은 할 수 있다는 믿음에서 나온다. 그 믿음은 자부심에서 나온다. 그리고 그 자부심은 우리의 삶 속에서 다른 사람들이 어떤 느낌을 심어 주었는지에 달려 있다.

5-2

Pr2. 자녀교육의 기준은 내 아이가 답이다
- 아이에게 배운다 -

우리는 아이에게 배운다.
아기들이 우는 것은

배고프다, 심심하다, 안아 달라, 기저귀가 젖어 있다 라는 상황을 신호로 보낸다는 것을.

우리는 아이에게 배운다.
배 아프고 머리 아프다는 것은

신학기 스트레스, 친구 스트레스, 시험 경쟁 스트레스, 부모와의 갈등, 자신과의 갈등을 몸으로 나타낸다는 것을.

우리는 아이에게 배운다.
학교 가기 싫고 학습지가 싫다는 것은

수학이 어렵다, 영어가 재미없다, 진도가 안 맞다, 이해가 안 된다고 말 못하고 투정을 부리는 것임을.

우리는 아이에게 배운다.
아이들이 쉽게 화를 내는 것은
본인의 마음을 표현하지 못해서 본인이 답답한데, 엄마는 말을 똑바로 사실대로 하라고 다그치니 본인의 틀어진 감정을 표현한다는 것을.

이렇듯 우리는 여러 상황 속에서, 그리고 아이들의 관찰을 통해서 그동안 우리가 가진 생각과 경험을 점검하고 반성도 하고 배우는 기회를 갖게 된다. 아이의 행동에는 다 이유가 있을 것이다. 그것을 알려는 시도조차 하지 않는 어른들 때문에 아이들이 억울해하고 우는 것이 아닐까. 아이들을 가르치는 것보다 아이들로부터 배우는 것이 더 좋은 가르침이다.

'미완성에 대한 자각(구몬토오루 회장—구몬학습 창시자)'이라는 말이 있다. 이것으로 됐다고 생각하는 곳에 더 나은 것은 없음을 말한다. '미완성(未完成)'이라는 것을 자각하고, 더 나은 것을 위해 노력하는 아빠와 엄마야말로 최고의 교육을 할 수 있게 될 것이다. '이것이다'라는 것을 자녀에게 고집하지 말아야 한다. 주변 세상의 잘못된 상식을 그대로 받아들이지 않아야 한다. 그러기 위해서는 부모님의 기준이 필요하다. 기준이 없으면 모든 일들이 쉽게 흔들리게 되는 것이기 때문이다.

내 아이가 기준이다.

우리 눈앞에서 울고, 호소하고, 투정부리고, 화를 내는 아이들을 하나뿐인 소중한 존재로 보아야 한다. 있는 그대로 인정하고 순수한 마음으로 대한다면 우리는 시간이 지나면서 아이들로부터 하나하나 배울 수가 있을 것이다. 그 배움으로 우리는 아이들을 더욱 잘 알아가는 것이다.

아이들에게 듣고, 아이들을 보도록 하자.

그러면 그 아이에게 꼭 알맞은 교육이 된다. 아이들은 본인에게 꼭 알맞은 것을 하고 싶어 한다. 꼭 알맞은 것은 재미있는 것이고 재미있으면 알아서 척척 해낼 것이다. 꼭 알맞음이란 아이가 쉬워하는 것만은 아니다. 아이가 고민을 하면서 해 나가는 상태가 좋다. 그 고민 속에서 아이는 생각이 넓어지고 커지기 때문이다. 꼭 알맞음이란 어려워도 안 된다. 어려우면 아예 그 작업을 선택하지 않기가 쉽기 때문이다. 그래서 아이들이 무엇인가를 할 때, 아니면 평소에 내 아이를 잘 봐야 한다. 그 안에 답이 나온다. 이것은 1:다수인 학교나 학원에서 할 수 없는 것을 우리는 가정에서 할 수 있는 혜택이다.

이 혜택을 우리는 어느 순간부터 부담으로, 짐으로 생각을 하고 게을리한다. 그러다가 때로는 가정에서 해야 할 자녀의 교육 내용까지 남의 손에 맡기는 경우가 늘어난다. 그것이 학교에 의지하는 것이고, 더 나아가 학원과 과외에 맡기는 것이다. 학교와 학원을 비난하는 것이 아니다. 학교와 학원의 역할이 있듯이 가정에서 아이들에게 해 주어야 할 역할이 분명히 있고 그 역할을 우리 어른들이 회피하지 말자는 것이다.

교육 전문가의 강의·코칭·첨삭이 결정적인 도움으로 작용하는 시기는 빠르면 초등 고학년, 대개는 중학생 이후이다. 유아와 초등의 시간은 아니다. 그래서 초등 시절까지는 부모가 아이의 공부 성향을 파악하며 최소한의 사교육을 병행하는 원칙으로 삼아 아이 학습 전체를 주도해야 한다.

필자는 수많은 아이들을 만나는 교육의 현장에서 배운 것이 있다.

아이들의 가능성!
아이들의 가능성은 무한하다.

초등학생 이하의 아이들이 고등학생이 공부하는 수학과 국어를 술술 풀어내는 것을 보고, 본인 학년보다 몇 단계 상위 인정시험을 통과하는 것을 보면서 말로 표현하기 어려운 짜릿함을 느끼며 아이들의 가능성을 보아 왔다.

그것은 '할 수 없을 것'이라는 어른들의 선입관을 창고에 가둬 두고, 아이들이 할 수 있는 곳까지 최대한 올려주는 것이다. 정해진 틀에서 정해진 학년에서 거기까지 그 내용만을 해 본 아이는 큰 성장을 기대하기는 어렵다. 공부를 예로 들면, 우리 아이가 3학년이면 3학년에 맞는 내용을 공부하는 것이 아니라, 내 아이가 능력이 있다면 5학년, 6학년, 더 나아가 중학교 내용, 심지어는 고등학교의 내용을 공부하게 하는 것이다. 그 공부가 단지 학교의 성적만을 위한다면 이것은 다른 문제다. **학교에서도 배우지 않은 내용을 내 아이가 자기의 힘으로 중학교, 고등학교의 과정까지 올라가는 과정에서 아이들은 단지 암기력, 계산력, 어휘력만을 배우게 될까? 절대로 그렇지 않다. 그 자체가 삶을 배우는 것이 된다. 그 자체가 한 치 앞을 알 수 없고 살아 본 적이 없는 삶을 살아가는 힘을 배우게 되는 것이다.**

그렇게 아이들의 무한한 가능성을 배워서 다른 아이들에게 기회를 주고, 그 아이들을 키우려고 노력하게 된다. 필자가 그랬듯이, 우리 부모님들께서 큰아이를 통해 배운 점은 당연히 둘째 아이에게 적용이 될 것이다.

똑똑한 아이들에게서 관찰되었던 공통점이 있다.

그들은 선생님이나 엄마의 설명보다 책에 있는 보기문제, 설명을 읽고 스스로 생각하고 혼자서 문제를 풀려고 한다는 것이다. 이러한 태도로 매사에 적극적이다 보니 학교에서 리더 역할도 하려고 하고 하면 또 잘한다. 그리고 본인이 모르는 문제도 어느 부분에서 잘 이해가 되지 안다는 것을 정확하게 안다. "이 문제를 모르겠어요"가 아니라 "이 부분에서 잘 이해가 안 돼요"라고 세부적인 내용을 질문한다. 이 능력을 '메타인지'라고 한다. 이 능력이 있다는 것은 나와 상대 대상을 정확히 안다는 것이다. 즉 문제의 해결 실마리를 알고 있다는 것이다. 공부를 잘하는 데 있어서 상당히 중요한 능력이다.

그리고 책을 좋아하는 것에서 끝나지 않고 독서량 상승까지 이어진다. 보통 성인은 1년간 평균 9권을 읽는다고 하는데, 우등생들은 일주일에 11권을 읽고 방학에는 15권 정도를 읽는다. 그 책 속에서 본인의 꿈을 찾곤 한다. 그리고 어려서부터 책을 큰 소리로 읽는 습관을 가졌다. 이것이 음독(音讀)인데, 소리 내서 읽는 음독은 정확하게 읽고 바르게 끊어 읽기가 된다. 읽는 속도가 좋은 것을 알 수 있다. 또한 일정한 소리를 내면서 책을 읽게 되면, 전두엽 등 뇌의 다양한 부분이 자극을 받아 뇌가 활성화된다고 한다. 이 음독력이 높아지면 읽기 속도가 빠른 '묵독'으로 이어진다.

이러한 옆집과 주변 아이의 커가는 모습과 훌륭한 어머니들의 사례를 통해서 내 교육방식과 내 아이의 교육 기준을 바꿀 수도 있는 것이다. 엄마의 욕심 기준이 아니고, 내 아이의 성장 기준으로. 이런 우리의 생각과 실천이 결국은 우리 사회를 행복하게 만들고 발전하는 힘을 만드는 데에 도움이 될 것이다.

자식이 잘되기를 바라는 이 땅의 아버지, 어머니!

아이들을 가르치는 것도 좋지만, 아이들에게 배운다는 마음을 가지고 그들의 말을 듣고 그들의 행동을 보는 것으로 시작해 보자. 그럼 우리가 그 아이에게 무엇을 해 줘야 할지 답이 나올 것이다. 아이들이 우리의 선생님이 되는 것이고, 우리가 그들에게 배우게 된다.

어른의 선입관이 아니라 아이에 알맞은 대화와 교육이 된다. 그것이 아이에게 배우는 것이다. 거기에서 아이는 의욕과 해 보려는 힘이 발산되며, 그것은 어디 가서도 꿋꿋하고 멋있게 살아내는 힘이 될 것이다. 필자가 25년 교육을 통해서 경험하고 있는 깨달음이다.

Pr3. 부모의 기다림은 또 하나의 사랑이다
- 자녀의 주도적인 생활력을 키운다 -

부모의 기다림은 자녀의 주도성을 키우게 된다.

최근 교육 현장에서 부각되는 주요 이슈는 '자기주도학습'이라는 개념이다. 이는 자신이 공부해야 할 목표를 설정하고, 이를 바탕으로 스스로 공부하고, 공부한 내용에 대해 스스로 점검하는 일련의 과정을 말한다. 『초등 자기주도 공부법』의 저자 이은경, 이성경 님은 초등학교 교직생활의 경험을 통해 다음과 같이 강조한다.

"아이에게 공부 주도권이 있어야 한다. 스스로 시도하면서 이런저런 시행착오를 겪어 내고 실수와 실패를 통해 단단해져야 진짜가 보이는 법이다. 아이가 잘하지 못해도 괜찮다. 스스로 성취감을 느끼며 한 번 더 해 보자고 시도하는 과정에서 주도권은 자연스럽게 아이에게 넘어가게 되어 있다. 해 보겠다는 마음으로 노력한 경험이 재산이다. 그 경험으로 나머지 인생을 씩씩하게 살아갈 수 있다."

중·고등학생이 되면 자기주도 공부를 본격적으로 시작할 수 있도록 초등 시기에 스스로 시도하고 경험하게 하자는 현장의 주장으로 마음에 와닿는다.

주도적인 생활력은 살아내는 힘을 키울 것이다. 아이가 많은 '자신의 수행 경험'을 가질 수 있도록 옆에서 참고 기다려 주는 부모의 역할이 중요하다.

살아내는 힘은 '알려고 하는 태도'와 '할 수 있는 힘'이 어우러져야 더욱 힘을 발휘한다. 그러나 그 알려고 하는 배움의 태도가 하루아침에 생기는 것은 아니다. 생활 주변에 배우는 기회가 있어야 한다. 그래야 본인이 실수와 실패와 성공의 경험을 쌓을 수가 있는 것이다. 우리 어른들이 그 기회를 만들어 주고 동기부여를 잘 시켜야 한다. 다그치지 말고 기다려 주는 것이 필요하다. 아이의 인생에 우리 어른이 해줄 수 있는 것에는 한계가 있기 때문이다.

필자네 집 둘째는 중학교 2학년 때부터 그 무섭다는 중 2병이 고 2때까지 지속되었다. 대화 상대는 오직 컴퓨터였다. 말없는 얼굴에 웃음은 지구 반대편으로 사라진 존재였다. 그렇다고 학교에서 괴롭힘을 당하는 것도 아니었다. 학교 공부와 생활 등에 대해서 물어보면 대답이 없고 더 물어보면 그 자리를 피하곤 했다. 그 아이의 방문이 많이 아파했을 것이다. 꽝꽝 닫고 다녔기 때문이다.

그러던 고등학교 1학년 어느 날 도봉구 축제에 본인의 댄스 동아리가 초대되었다고 엄마에게 문자를 보냈다. 엄마는 선약이 있다고 했다. 필자는 혼자서 바람 쐰다는 기분으로 갔었는데, 충격, 감동, 놀라움으로 가득 찬 시간이 되고 말았다. 10명의 멤버 중 가운데에서 리더 역할을 하며 춤을 즐기면서 온몸으로 화려하게 자기를 내던지는 아이가 있었다. 그 아이는 마지막에 공중 덤블링을 멋지게 성공하고서 가파른 숨을 헐떡이며 환하게 웃는 것이 아닌가. 둘째 아들이였다. 그렇게 자신 있고 환하게 웃는 얼굴은 몇 년 만에 처음이었다. 놀라움과 반성과 고마움 등으로 뒤죽박죽된 필자의 마음에는 어느새 눈물이 흐르고 있었다.

이 아이는 춤으로 대화하고 춤추며 웃고 있었다. 춤에서 행복을 찾고 있는 것이다. 결국 이 아이는 '공부'보다 '댄스'를 하겠다고 선언하고 댄스 전문 학교와 학원, 대학교 등을 본인이 알아보며 하나하나 해 나갔다. 대학교를 댄스 실력으로 당당하게 합격하고 모든 것이 달라지기 시작했다. 5년의 시간의 기다림이었다. 아빠는 일과 취미활동으로 사춘기에 접어든 둘째와의 시간을 일부러 피하기도 했지만, 엄마는 역시 대단했다. 아이에게 관심의 끈을 놓지 않았다. 지속적으로 격려하며, 필요한 것은 요구도 하면서 5년을 인내하며 함께했던 것이다. 둘째 아이는 엄마의 작품이라고도 생각한다.

사람은 누구나 자신의 삶을 소중히 여기며 잘 살고 싶은 마음이 있다. 아이들도 마찬가지임을 느꼈다. 부모가 조금의 여유를 가지고 기다려 주어야 한다.

공부도 마찬가지일 것이다. 잘하고 싶은데, 잘 안 되는 그 아이의 마음은 오죽하겠는가? 그것을 몰라주고 기다려 주지 못하는 주변 어른들 때문에 끔찍한 일들이 벌어지는 것이 아닌가. 힘들겠지만, 답답하겠지만 아이들을 믿고 기다려 보자. 그러면 그들도 생각을 하고 방황을 하다가 정신이 들 즈음 자신의 삶을 잘 사는 방향으로 가기 위해 고민하게 된다. 그리고 자신의 능력으로 힘들 것 같으면 어른에게 도움을 청할 것이다. 도움을 청하는 그 순간이 바로 아이들이 회복된 순간이다. 아빠와 엄마가 할 수 있는 일은 아이에 대한 관심의 끈을 절대로 놓지 말고 아이가 깨어날 때까지 기다리는 것이다. 그것이 속이 터질지라도 기다려 주어야 한다.

부모의 기다림은 자녀를 똑똑하게 키운다. '간섭'이 아니라 '관심'이다.

'기다리고, 초조해하지 않고, 화내지 않기'가 똑똑한 아이로 키우기 위한 기본 조건이라고 구몬식 교육법은 말한다. 건강하게 성장한 아이와 그 부모를 만날 때마다 대부분 공통적인 특징이 있다는 것을 느끼게 된다. 그것은 대체로 자기 자식에 대하여 '인정하고, 칭찬하고, 기다리고, 초조해하지 않고, 화내기 않고, 관심이 있는 것을 찾아 줄 수 있는 사람들'이라는 것이다.

'했다, 못 했다'로 초조해하며 화를 내지 말고, 지금은 이 정도가 당연하다. 이대로 조금씩 성장해 주면 충분하다면서 마음 편한 태도를 취하면, 아이들은 안정적으로 한 걸음 한 걸음 나아갈 것이다. 엄마의 급한 마음과 주변 아이와의 비교로 아이의 학습방법, 교재가 자주 바뀌는 것을 보아 왔다. 분명히 밝히지만 절대 아이는 엄마의 욕심을 채워 주지 못한다. 단, 엄마의 관심에는 대응할 뿐이다. 공부는 엄마가 하는 것이 아니고, 어찌되었든 아이가 하는 것이 아닌가. 아이가 편하게 자기 속도에 맞춰 한 단계 한 단계 올라가도록 기다리고 응원해 줘야 한다.

아이의 학습과 숙제에 대해서는 항상 '관심과 간섭'의 사이를 잘 구분해야 한다. 내가 반복해서 강조하고 싶은 것이 있다.

공부를 통해 '성적'만을 바라지 말고, 공부를 통해 '습관'을 만들어 주자는 것이다. 진짜 공부는 '대학을 졸업한 이후에도 계속하는 것'이고, '배움의 끝은 없다'라는 평생교육의 중요성을 알게 하는 것이다. 19살까지의 학교 성적만으로 100세까지 살 수 있는 시대는 절대 아니다.

지금 우리나라의 대학입학 시험제도 아래에서 본격적인 시험공부는 중학교에서 고등학교까지 이어진다. 6년 동안 폭발적인 학습 내용을 감당해야 하는 능력과 실력도 만만치 않다. 여기서 말하는 능력이란 집중력, 인내력, 문제해결력, 모르는 것도 혼자 알아가는 자기주도적 자습력이다. 이러한 습관은 중학교 이전에 시간적 여유가 있고, 지식적 결과가 상대적으로 덜 중요한 초등학교가 적기다. 그래서 초등학교까지는 공부라는 도구를 통해 진정한 학습 능력, 즉 습관을 잡아 주는 것이 무엇보다도 중요하다.

내신 등급 때문에 신경이 곤두선 중학생 아이에게 독해력과 사고력을 키우자며 수행평가 시험이고 무엇이고 다 제쳐 두고 매일 독서를 하자고 하기는 쉽지 않다. 잠자는 시간까지 줄여 가며 공부하는 고등학생 아이를 붙잡고 한 번도 해 본 적 없는 자기주도 공부를 시도해 보자고 할 수도 없는 노릇이다. 조금은 느긋하게 천천히 나아갈 수 있고, 실패해도 괜찮은 초등 시기에 공부 습관을 바로잡고 자기주도 공부를 시도해야 한다. 무엇보다 스스로 목표를 정하고 그에 맞는 계획을 세워 보는 일을 연습하고 반복하여 습관화되는 것에 많은 시간과 에너지를 들여야 한다.

아이가 숙제를 하거나 학습지를 하면서 모르는 문제가 있을 때 부모님들의 반응을 한 번은 생각해야 한다. 최대한 아이들이 혼자 해결하도록 빠지거나 기다려 주어야 한다.

특히 어른들이 쉬워하는 문제는 특히 조심하자. 초등학교 1학년 2학년 수준의 숙제와 학습지는 어머니들에게 자신이 있다. 그래서 자랑을 하듯 아이들을 자세히 지도한다. 멋진 설명과 명쾌한 정답을 내린다. 그러나 자녀가 4학년에 들어서면 정반대의 상황이 발생

한다. 아이들에게 그동안 무얼 배웠냐고 혼내기도 하며, 엄마는 불안해서 그때부터 주변 학원이나 과외를 알아보고 보낸다. 문제는 1학년과 2학년 때부터 아이가 혼자서 하도록 기다렸어야 했다. 그래서 쉬울 때 혼자서 하는 습관을 만들어 가며, 문제를 해결하는 맛을 보게 하면서 자학자습의 힘을 길렀어야 했다. 그러나 그 기회는 지나가 버렸고, 이제 혼자 공부하는 습관도 없고, 혼자 공부할 수 있는 힘도 없다. 엄마는 아이를 가르칠 수도 없는 어려운 수준이다. 그래서 이제부터 아이는 본격적으로 돈으로 공부를 해야 하는 상황이 되어버린 것이다.

**엄마가 나서면 그 아이는 엄마의 능력을 뛰어넘을 수 없다.
이것이 무서운 것이다.**

아이의 능력은 무한하다. 그 무한한 능력은 본인이 생각하고 고민하고 해결하는 과정에서 커 간다. 지금 우리 어른들의 잣대로 볼 때 아이들이 마음에 들지 않을 수 있다. 그러나 우리가 대신 그 아이의 생각과 생활을 해 줄 수는 없는 것이다. 본인들이 자신의 삶을 잘 사는 방향으로 가기 위해 고민과 아픔의 터널을 빠져나오도록 관심을 갖고 기다려 주어야 한다.

그 공부를 이용하자. 공부를 통해서 살아내는 힘을 키워 주자.
아이가 뭔가를 할 때는 혼자 해 보도록 어른들이 기다림의 인내를 가져야 한다.

어린 아이들에게 공부를 통해 좋은 성적, 1등을 기대하는 것보다 앞으로 살아갈 나날들을 위해서, 앞으로 대한민국의 현실에서 살아내야 할 진정한 힘을 공부를 도구로 생각하여 주도적이고 똑똑한 아이들이 이 땅에 많아지기를 희망한다.

우리 부모님들의 기다림이라는 또 하나의 사랑으로.

5-4

Pr4. 초등 시절의 다양한 경험을 소중히 하자
- 공부만을 위한 독방(獨房)에서 풀어 주자 -

  초등학교 1학년 아이가 수학 한 문제를 풀기 위해 혼자서 끙끙대고 있다.

  학교에서 배우지 않은 '네 자리 수' 나누기 '두 자리 수'인 '1096 ÷19'의 문제다. 처음 풀어 보는 문제다. 선생님의 설명도 없이 간단한 '보기문제'를 참고로 아이가 풀어 보는 것이다. 그야말로 한 자리 수 + 한 자리 수처럼 간단한 계산을 주로 배우는 이 아이에게는 '미지의 세계'와 같다.

  첫 몫을 어느 자리에 어떤 수로 잡아야 할지 고민된다. 그러나 이 아이는 이렇게 학교에서 배우지 않은 문제를 혼자서 풀어 왔기에 이번에도 꿋꿋하게 해 본다. 곰곰이 생각하다 '109'를 한 묶음으로 보고서 첫 몫으로 이 숫자 저 숫자를 써 본다. 8, 6, 드디어 5를 생각해 낸 후 이제부터 문제를 술술 풀어 나간다. 아이는 이 생각 저 생각을 하고 수십 번 썼다 지운다. 드디어 풀었지만 처음 접한 문제라

약간의 의심스러운 마음으로 선생님을 물끄러미 쳐다본다.

"처음 해 보는 문제인데, 끝까지 잘했고, 100점이에요. 이런 방식으로 해 보세요!" 선생님의 이 한마디에 아이는 '해냈다!'라는 환한 미소를 짓는다. 손바닥의 땀을 허벅지에 빠르게 닦고 연필을 잡고 다시 다른 문제에 도전한다. 다음 문제는 몫을 찾는 시간이 짧아지며, 썼다 지웠다 하는 횟수도 줄어든다. 아이는 연필을 힘차게 움직이며 살짝 웃는다. 이제는 방법을 터득한 것이다.

아이들이 스스로 해 보는 경험에서 힘을 쌓도록 해 주자.
배움에 있어서 스스로 해 보는 학습이 가장 오래 남는다.

아이들은 우리가 상상하고 요구하는 것보다 훨씬 더 많은 일을 해낼 수 있는 능력을 가지고 있다. 아이들에게는 실제로 더 많은 것을 이루고 싶은 욕구가 넘쳐난다. 아이들의 가능성을 누가 '여기까지다 저기까지다'라며, 선 그을 수 있을까. 그런데 어른들이 아이들의 무한한 가능성을 모르거나 아이들이 '해냈다'라며 즐거워하는 마음을 이해하지 못하면 도전할 수 있는 기회와 과제를 못 준다. 우리 일을 다른 사람이 대신해 주고 돌봐 주고 특별하게 대해 주는 것은 고마울 때가 있다.

그러나 어른이 아이를 이와 같은 방식으로 자주 대하면 우리는 그것을 '**무능력하게 만드는 선행(善行)**'이라고 부른다. 낯설고 위험하고 힘들다 하여 아이가 스스로 할 수 있는 일을 대신해 주는 것이다. 이것은 그들이 삶의 경험을 직접 하는 것을 방해한다. 부딪치고 깨지고 실패한 경험을 성공의 밑천으로 삼을 수 있는 아이들의 10대 시기를 그냥 지나치게 만든다.

반면 **'힘을 길러주는 강행(強行)'** 은 아이가 경험을 할 수 있도록 아이와 세상 사이에 끼어들지 않고 옆으로 물러나 있다. 그러나 아이가 닿을 수 있는 거리에서, 그 과정을 지지하고 격려하는 방식이다. 인생을 통틀어 초등 시기에만 할 수 있는 일이기 때문이라고 할 정도로 이 시기에 아이가 경험한 다양한 성공과 실패는 이후 살아가는 데 큰 힘으로 작용할 것이다.

지금 시대는 무한 규칙, 무한 경쟁, 예측 불허, 정답 부재의 시대이다. 아이들이 살아내어야 할 미래는 더욱 그럴 것이다. 이러한 시대적 흐름에서 수없이 많은 문제를 해결해야 한다. 혹시 모를 실패 상황에 민감하여 시도를 못 해 본다면 미래를 헤쳐 갈 자신감은 작아만 진다. 결국 주어진 작은 일, 다 된 일의 뒤처리나 청소를 하게 될 것이다. 주도적인 삶을 위한 자신감을 강화시킬 수 있는 것이 산악훈련, 방학극기캠핑, 극한직업뿐만이 아니다.

부모의 관심이 있으면 가정에서도 충분히 기를 수 있다.

초등학생이라면 가정에서 거의 학습지 한두 과목은 하고 있을 것이다. 학습지 선정에 있어서 각자의 기준이 있을 것이고, 내 아이에게 맞는 학습지가 있을 것이다. 단 한 가지 경험에서 조언을 사심 없이 하고 싶은 것이 있다. 그것은 '그냥 하나의 학습지'로서 선택하지 말자는 것이다. 그 순간 그 학습지는 해도 되고, 안 해도 되는 것으로 전락하고 만다.

두 번째는 아이가 자기의 학년을 뛰어넘어서 할 수 있는 교재 구성과 철학이 있는가이다. 가정에서 학습지로도 아이들의 자기주도적 학습과 나의 능력의 한계를 뛰어넘어 도전적인 학습을 할 수 있게 해 주기 때문이다. 그래서 어차피 할 학습지라면 그것에 가치를 두고 선정하고 활용하기를 바란다.

가정학습지 교재로 열심히 하여 상위진도를 나아가 학교에서 배우지 않은 내용을 해 보게 하는 것이다. 이것은 시험점수를 위한 선행학습과는 차원이 다르다. 배우지 않은 새로운 내용을 아이들이 혼자서 끙끙대며 해 보면서 이 방법, 저 방법을 생각해 보고 고민하며 해결해 가는 과정에서 '과목실력'뿐만이 아니라 '자습능력'을 키울 수 있다. 이 방식이 결국 아이들에게 자립하는 힘을 주는 것이며, 장래에 어떤 것에 부딪혀도 혼자서 극복해 갈 수 있는 끈기와 지력을 갖출 것이다. 또한 혼자서 문제를 해결해 내었을 때의 성취감은 이후 자신감으로 이어지고 이 자신감이 도전심으로 이어질 것이다. 아이들은 익숙하지 않은 새로운 경험에서 갖는 배움은 자신감의 세계로 가는 다리가 된다. 아이들에게는 혼자 해 보는 하나하나의 경험들이 살아내는 힘을 길러 줄 것이다.

아이들의 다양한 경험 속에는 '실패'도 있고 '실수'도 있다.
실패만큼 훌륭한 교사는 없다.
부모의 따스한 격려는 더 많은 새로운 경험을 하게 하는 힘이 된다.

또 새롭게 무언가를 배우는 데는 시간이 걸린다. 따라서 우리 어른들이 아이의 성적이나 결과에만 집착하기보다는 아이가 겪는 과정을 눈여겨봐야 한다. 각각의 단계마다 적절한 보상이 주어져야 하며 특히 아이가 처음으로 실패를 경험하게 되는 학습의 기초 단계가 중요하다. 무언가 배우는 과정에서 일어나는 어쩔 수 없이 경험하게 되는 실패, 좌절들에 대해 아이들이 이해하도록 배려를 해야 한다. "실패할 수 있다. 다시 해 보자"라는 격려가 필요하다.

아이들이 무언가 잘못을 하고 실수를 저질렀을 때 혼을 내기보다는 평소의 어조로 이유를 묻자. 그리고 아이들에게 생각의 기회를 주자. "왜 그렇게 했지? 아, 그렇구나. 다음에는 다른 방법을 해 볼까? 아니면 이러한 방법도 있을 것 같은데." 이러한 과정에서 서로 신뢰가 쌓이고 아이는 더 좋은 방법을 찾을 것이다. 이렇게 자신감은 커 갈 것이다. 야단을 치면 아이는 본인이 괜한 것을 했다고 후

회할 것이다. 본인의 노력을 인정하지 않는 어른에게 야속함을 가질 것이다. 그리고 더 무서운 것은 앞으로 실패할 가능성이 있는 새로운 것을 회피하려고 한다는 점이다. 즉, 인생에서 도전과 자신감은 꼬리를 감추게 될 것이다. 본인의 실수 때문에 부모가 화를 낼 거라는 생각을 하면 더욱 그렇다.

탈무드에서 "실패만큼 훌륭한 교사는 없다"라고 가르친다. 성공은 사람을 성장시키고 큰 뜻을 품게 하지만 실패는 사람을 위축시키고 힘을 잃게 한다. 그러나 실패를 딛고 일어났을 때 인간은 더 큰 성장을 경험한다. 우리는 아이들이 실패를 하더라도 용기를 갖도록 해야 한다. 아이들의 실패의 경험도 필요한 것이라 생각하고 실패와 좌절을 겪는 것도 자녀들이 감당해야 할 당연한 몫이라 여긴다.

한 사람의 인생에서 가장 중요한 골든타임, 초등학교 시절을 성적과 공부로 얼룩 지울 수는 없는 것이다. 공부만을 위한 독방(獨房)에서 풀어 주어야 한다.

이러한 실패와 성공, 실패와 좌절을 부담 없이 할 수 있는 시기가 언제일까. 절대로 중학교, 고등학교에서는 쉽게 생각할 수 없을 것이다. 초등학교다. 초등학교까지 우리 아이들에게 어떤 교육을 해야 좋은지. 어떤 교육 목표를 우리가 가지고 아이들을 이끌어 줄지. 이 점을 우리 어른들이 중요하게 생각하고 실천해야 할 것이다.

중·고등학생 공부와 달리 초등학생 공부의 목표는 대학 입시가 아니다. 대학 입시를 위해 시험 준비를 시작하는 단계는 아니다. 초등 시기는 인생 전체를 위한 경험과 배움의 시기임을 기억해야 한다.

그래서 중요하고,
그래서 단단해야 하고,
그래서 부모의 역할이 그 어느 때보다 중요함을 알아야 한다.

도전심, 성취감, 자신감, 의욕은 하나의 사이클이다.
해 보면서 성공도 하고 실패도 하면서 아이들은 그 사이클을 배우고 몸에 익히고 습관을 만든다. 이 습관이 본인들이 살아내어야 할 무림(武林)에서 힘을 발휘할 것이다.

내 자식이 '가고 싶은 길'을 가지 못하고 '갈 수 없는 길' 위에서 헤매고 있으면 안 된다. 우리 아이들이 가고 싶은 길을 당당하게 가고 실패를 두려워하지 않고 황소처럼 한 발 한 발 걸어가도록 우리 엄마 아빠가 해야 될 또 하나의 일이다.

해 보지 않으면 모른다.

아이들이 경험의 바다에서 헤엄치며 빠지지 않고 살아낼 수 있도록 부모가 손을 내미는 교육이 아니라 손을 흔들어 주는 교육을 해 보자. 경험의 바다에는 공부, 취미, 관계, 여행, 독서, 외국어 등 한두 가지가 아니다. 성적만을 위한 공부의 독방(獨房)에 가둬 두지 말자.

Pr5. 내 아이가 '어떤 사람인지' 정확히 알아보자
- 자녀의 인성검사, 적성검사를 놓치지 말자 -

선생님이 좋아하는 것과 싫어하는 것이 무엇인가?
선생님이 기쁠 때는 언제이고, 언제 화가 나는가?
선생님이 하고 싶은 것이 무엇인가?

2020년 3월에 필자는 '心청이 마음학교(심리학을 기반으로 철학, 인문학을 나누는 ZOOM 아카데미)' 교장 선생님으로 계시는 임정희 박사님을 만났다. 지금은 1,200명이 넘게 가입된 오픈 채팅방에서 사회 유명 인사들의 무료 재능기부와 살아 있는 교육을 위해 고민하시는 분이다. 그분의 말씀 중에 사람은 '성격'은 변하지 않으나 '인격'은 바뀔 수 있다는 것에 상당한 공감을 가졌다. 그런데 이야기 도중 위의 간단한 세 가지 질문에 50의 나이를 넘긴 필자가 답을 못 하고 머뭇거린다.

초등학생 수준에 어울릴 수 있는 이 질문에 답을 못 하는 어색함,

부족함, 창피함을 뒤로하고 잠깐의 애니어그램 테스트와 상담의 시간을 가지면서 본인에 대해서 실체를 알게 되었다.

  필자는 '6번 머리형'의 성격 소유자이다. 이 머리형은 이성적이고 논리적이며 학구파다. 아이디어도 많다. 그러면서 안정을 생각하고 조직에 충성을 한다. 단점으로는 권위적이고 항상 미래에 대한 불안과 두려움이 있으며, 그 불안함을 배움과 성취를 통해 극복하려 한다. 그리고 빈틈이 없는 나머지 상대에 대한 의심도 많다. 때로는 돌다리를 두드려 보고도 건너지 않는 자신이었던 것이다. 이전에도 회사에서 이러한 형태의 교육은 받았지만, 이렇게 1:1의 몰입 시간을 통해 스스로를 이해하게 되었다. 필자를 인정하게 되었다. 그동안의 생각과 생활이 그때부터 조금씩 바뀌게 되었다.

  알고 보니 필자의 삶에서 공부와 가르치는 일은 잘 맞는 일이었다. 회사에서 지금도 교육과 연구를 계속하고 있는 것을 보면 그 성격검사가 매우 흥미롭다. 또한 그동안 사람과의 관계 속에서 힘들었던 일들은 필자와 상대가 잘못된 것이 아니라 '나의 성격' 때문이었을 것이다. 그리고 앞으로는 편하게 사람을 대하며, 스스로 너무 앞선 미래를 걱정하지 말고, 의심보다는 스스로와 상대에 대한 믿음으로 살자는 것이었다. 이렇게 정리를 하고 나니, 동굴에서 빠져나와서 시원한 바람과 함께 밝은 빛을 보는 기분이었다.

  필자가 이 개인적인 이야기를 하는 것은 '나는 누구인가?'와 같은 자신의 참모습에 대해 생각할 기회가 없다는 안타까운 현실 때문이었다. 그로 인해 필자가 지금까지 겪어 왔던 진로와 삶의 고달픔을 이해한 감사의 시간이었다. 싫든 좋든 남들이 하니까, 남이 하라고 하니까 그냥 그렇게 해 왔던 일, 그리고 조직원들과 상사의 관계 속에서 겪었던 고민과 고통의 시간들이 헛됨을 알게 되었다. 스스로를 모르는 무지로 필자를 받아들이지 않고 착하고 잘생기고 죄 없는 자신을 괴롭혔던 시간들이 안타까웠다. 조금 더 일찍 본인이 누구인지 알았더라면 좋았을 텐데.

내 아이는 어떤 성격을 가진 아이일까?
내 아이에 맞는 환경을 만들어 주는 것이 중요하다.

우리 아이는 활동수준이 높은가, 호기심은 많은가, 수줍음이 많은가, 집중력은 어떤가?

'성격은 사람을 안내하는 운명의 지배자이다.' 헤라클레이토스의 말처럼, 성격이 인간의 삶에 미치는 영향은 크다. 그 성격을 바꾸는 것은 어렵다. 성격에 맞는 환경을 제공하는 것이 중요하다. 아이가 타고난 기질(성격)을 제대로 이해하고 나면 아이를 제대로 보는 데 큰 도움이 된다. 그 아이에 맞는 양육 환경을 만들어 줄 수가 있는 것이다.

예를 들어, 사람을 보면 엄마 뒤로 숨어 버리는 아이, 궁금한 것을 참지 못해 아무한테나 물어보는 아이, 사물에 대한 호기심으로 이것저것 만지는 행동을 하는 아이와 같이, 단지 기질적인 특징으로 그렇게 행동하는 아이를 더 이상 문제 아이로 보지 않는다는 의미이다. 만약 이 아이의 특성을 고려하지 않고, 숨는 것에 대해 화를 내고 질문하거나 만지는 행동을 못 하게 하거나 기질을 바꾸어 보겠다고 무조건 새로운 자극을 강요했다면 어떻게 될까? 결국 아이는 주변 사람이 싫어지고, '난 이상한 사람인가 보다'라는 생각을 하게 되고, 결국 불안장애 같은 문제를 불러일으킬 수도 있다고 발달심리 전문가들은 경고한다. 기질은 자신의 유전자에 의해 형성된 것이기에 쉽게 변하지 않는다는 것이 일반적인 학설이다.

그러나, '부끄러움'의 주제로 17년 동안 500명의 아이를 관찰한 케이건 교수는 '부끄러움'이 매우 강한 유전적 요인을 가지고 있지만, 일부 아이들은 기질이 변한 경우도 있다고 밝힌다. 기질이나 성격은 부모의 양육방식에 따라서 긍정적인 변화도 가능하다는 메시지인 것이다. 조지워싱턴대학 소아정신과의 스탠리 그린스펀 교수는 "천성과 교육은 서로 영향을 주고받는다"라고 말한다. 아이의 자신감 결여, 공격적인 성향이 지질이나 성격과 관련 있지만 우리 부모의 양육 방식에 따라서 긍정적인 변화가 가능하다는 것이다. 그렇게 되기 위해서는 부모가 우선 아이의 기질을 잘 알아야 하고 있는 그대로 받아들여야 한다. 아이는 아이 자신일 권리가 있다. 부모는 아이를 파악할 의무가 있다.

성격은 개인 간에 차이가 있고, 행동과 관련이 있다.
성격검사는 성격 특징 또는 성격 유형을 진단하기 위한 검사이다.

우리 부모님들과 자녀가 누구인지에 대해서 정확히 알아보기를 간절히 바란다. 가정학습을 하기 전에 학력진단을 하듯이 말이다. 성격검사는 1) 이상자(異常者)의 진단 2) 학교에서의 부적응아·문제아의 발견 3) 진로 지도의 자료 4) 기업에서 사원의 채용·배치 등에 널리 이용된다. 많은 설문에 체크를 하는 성격검사 방법에는 마이어스-브릭스 성격유형검사(MBTI), 미네소타 다면적 인성검사(MMPI), 기질 및 성격검사(TCI), 캘리포니아 성격검사(CPI), 16성격 요인검사(16PF), 애니어그램 등 다양하다. 또한 설문지 방법이 아닌 아이의 반응을 관찰하여 성격이나 문제점 등을 파악하기도 한다. 잉크반점검사, 집-나무-사람 그림검사, 인물화검사, 아동용 주제통감검사가 그 예다.

가장 일반적으로 많이 알고 있는 검사가 마이어스-브릭스 성격유형검사(Myers-Briggs Type Indicator) 일명 'MBTI' 검사다. 학교, 학원, 기업에서 실시하는 성격유형별 테스트로 내향과 외향 직관과 감각, 감정과 사고, 인식과 판단 등 4가지의 기준에 따라 분류되는데 선천적인 선호성을 알려 주는 척도로서 심리학자들이 대표적으로 이용하는 검사 도구다. 이는 지능검사나 능력검사가 아닌 성경유형별 테스트로 16가지 심리 유형 중에 하나로 분류해 주는 심리검사다. 또한 애니어그램은 9가지의 성격유형을 구분해 주며, 인간의 잠재 가능성 개발에 초점이 좀 더 강하다고 한다. MBTI가 겉으로 드러난 성격유형을 보는 데 적절하다면 애니어그램은 감추어진 성격유형을 파악하기에 적절하다.

국가가 무료로 제공하는 사이트에서도 쉽게 자녀의 성격과 심리를 관찰할 수 있다.

고용노동부가 관할하는 워크넷(www.work.go.kr)에서는 청소년을 대상으로 7종의 심리검사를 개발하여 제공하고 있다. 워크넷에 접속하여 '직업·진로 → 직업심리검사 → 청소년심리검사'에 들어가면 청소년 직업흥미검사, 진로발달, 초등학생 진로인식검사, 인성검사 등 다양하게 내 아이를 관찰할 수 있는 기회를 가질 수 있다. '한국고용정보원(www.keis.or.kr)'도 취업 진로 길라잡이에 큰 도움을 줄 것이다.

우리의 과거를 돌이켜 보자. 지금도 흔히 있는 일들이다. 대학에 입학하고 나서 전과나 편입을 선택하는 경우, 졸업 후 직장에 다니다가 뒤늦게 자신의 적성을 찾아 다시 공부를 시작하는 경우가 그것이다. 매년 전문대학 이상의 학력으로 졸업한 취업자 중 약 42%가 전공과 다른 분야에 취업을 한다고 한다. 왜 이러한 일들이 일어나고 있는 것일까? 물론 자신의 관심사나 인생계획이 바뀐 결과일 수도 있으나, 자신의 적성에 대한 충분한 이해가 부족했거나 일단 '대학입학'이라는 상황에서 성적에 따라 대학을 선택하고, 학교는 진학률을 높이는 방향으로 대학을 추천하는 현실적인 이유도 없다고 할 수 없다.

아이를 천천히 살피자.
알아보고 이해하고 그 아이에게 맞는 방법을 찾아가자.
그것이 이 시대를 당당히 살아내는 힘을 키워 주는 우리의 역할이다.

그것이 아이들을 훌륭히 키워 내는 엄마의 양육 비결이 평범해 보일 수 있다. 그러나 적어도 자신을 알기에 남 눈치 보지 않고 자신의 길을 당당하게 나아간다. 나름대로 성공이라는 본인의 삶을 위해 살아내는 아이로 키운다는 특별한 신념을 갖는다. 무조건 공부시키고, 무조건 학원 보내고, 무조건 점수에 맞추어 학과를 선택해야 하고, 무조건 취직을 시키는 시대는 아니라는 것을 직시하고, 우리 기성세대가 겪은 실패의 경험을 소중한 자녀에게는 물려주지 말기를 바란다.

우리 부모님들이 자녀의 성격과 적성에 대해 관심 가지고 초등학교에 다닐 동안에는 심도 있게 체크를 해 볼 필요가 있다.

Pr6. 자녀 학비지원 데드라인을 정하고 알리자
- 미래의 경제자립을 위한 시작이다 -

한국보건사회연구원의 '2018 전국 출산력 및 가족보건·복지실태조사' 결과를 보면, 2018년에 15~49세 기혼여성 1만 1,205명을 상대로 자녀를 경제적으로 언제까지 부양하는 게 적당한지 물어보니 **59.2%가 '대학 졸업 때까지'**라고 응답했다. 다음으로는 **'취업할 때까지(17.4%)'**, '고등학교 졸업 때까지(14.7%)', '혼인할 때까지(7.1%)', '언제까지라도(1.6%)' 등의 순이었다.

2003년 첫 조사 때는 **'대학 졸업 때까지'가 40.2%**였다. 다음으로는 **'혼인할 때까지' 32.1%**, '취업할 때까지' 11.5%, '고등학교 졸업 때까지' 8.3%, '필요하면 언제까지' 6.3% 등의 순이었다.

2003년 이후 15년 후 사람들의 의식이 바뀌었다. 자녀 경제지원은 '대학 졸업 때까지'는 많아졌지만, 경제지원 마감 시기는 '혼인'이 아니라 '취업'할 때까지로 앞당겨짐을 볼 수 있다. 이제 세상이 어떻게 바뀔지 모르는 코로나 이후에는 더욱 변화가 있을 것이다.

한 통계에 의하면 자녀 1명당 대학 졸업 때까지 의식주·교육·용돈까지 합하면 평균적으로 약 3억 원 이상 들어간다고 한다. 두 명이면 6억 원이다. 기존 부모가 감당하기 힘든 100세 시대에 자녀 학비로 그만큼을 감당할 수 있을까?

2025년에 5명 중 1명이 65세 이상이 되는 초고령 사회와 100세 시대의 흐름에서 냉정하게 생각해 볼 일이다. 개인 '생애재무플랜'을 작성해 보면 알 수 있다. 필자의 기준에서 보면 필자와 아내가 60세가 될 때 큰아이는 32살이 되고, 작은아이는 29살이 된다. 부모는 정년을 맞고 돈벌이가 아주 약화되고 연금에 의지하게 될 것이다. 아이들은 결혼 준비와 본인 생활에 한참 돈이 필요한 시기가 될 것이다. 이때 부모와 자식 간의 관계는 어떻게 될까? 자식한테 손 벌릴 수 있을까? 부모는 자식의 금전적 요구에 선뜻 기분 좋게 응할 수 있을까? 옛날처럼 은행에서 빚을 내어 자식들에게 교육비와 결혼자금을 넉넉히 줄 수 있을까?

자녀에게 경제적 지원은 언제까지 할 것인가?
부모의 '노후'와 자녀의 '자립심'을 위한 측면에서 냉정한 고민을 해야 한다.

필자는 자녀에게 경제적 지원은 '대학입학 등록금까지'라는 규칙을 일찍 생각하고 교육을 시켰다. 이런 생각은 필자의 인생경험에서 왔다고 볼 수도 있다. 시골에서 중학교를 졸업하고, 바로 서울로 올라와서 문방구, 신문보급소, 식당알바 등을 하면서 검정고시로 고등학교를 대신하고 대학교를 갔다. 대학을 가서도 학업, 미국 뉴욕 어학연수, 적극적인 동아리활동 등 재미있는 대학생활을 하면서도 등록금과 생활비를 위한 노력은 필수였다. 경제적으로 도와줄 사람이 없다고 생각하니, 해야 했고 하면 되었다. 그리고 그 10여 년간의 시간은 결국 커다란 보물과 같은 삶의 교육이었고 살아가는 힘을 탄탄하게 하는 시간들이었다.

 물론 어쩔 수 없는 상황에서 그렇게 살아가야 했지만, 거기서 얻는 교훈으로 필자는 내 자식은 성인이 됨과 동시에 경제적 독립을 시켜야겠다고 생각하였다. 그 시기가 대학교 1학년 입학까지다. 돈이 없어서 그런 것은 아니다. '살아내고 살아가는 힘이 필요하다'라는 측면에서 그런 결심을 더욱 하게 된 것이다. 지나 와서 보면 그에 대한 결정에 후회는 없다.

 필자가 경험한 노하우(?)가 담긴 이야기를 소개한다. 첫째는 단지 돈을 아끼기 위한 마음으로 접근을 하지 않는 것이다. 아이의 자립심을 위한 마음이 강해야 한다. 둘째는 부부의 의견 일치가 있어야 한다는 것이다. 둘 중 한 명이 반대를 하면 이 일은 진행하기가 힘들다. 등록금을 아이가 감당하게 한다는 것은 여간 쉬운 일이 아니고, 옆에서 보는 부모의 마음이 썩 좋지 않기 때문이다. 그리고 셋째는 일찍 경제적 독립 시기를 정하고, 이를 미리 교육을 시킨다는 것이다. 필자는 대학입학 등록금까지라고 정하고 중학교부터 아이들에게 꾸준한 마인드 교육을 시켰었다.

이 중에서 가장 중요한 것은 자녀 마인드 교육이다.
아이가 이해하고 본인이 받아들이도록 해야 한다.

교육은 큰아이가 중학교에 들어간 이후부터 시작하였다. 성인의 의미와 경제적 독립에 관한 이야기를 했다. 귀담아 듣든 안 듣든 관계없이 엄마와 애들이 있는 자리에서 반복적으로 일부러 꺼내었다. "네 인생은 네 것이다. 자신의 인생은 자신이 책임을 져야 한다. 그것을 일찍부터 시작하는 사람이 의미 있는 일을 하더라." 지금 생각하면 그 아이가 이런 말을 얼마나 이해했을까 싶긴 하다. 그리고 큰아이가 고등학교에 다닐 때는 '경제적 독립 마인드 교육'을 더 구체적으로 했다. "대학교 입학금까지는 어떻게 해서든 아빠와 엄마가 도와주겠다. 단, 그 이후로는 너의 앞길을 본인이 만들어 가자. 그러면, 아빠와 엄마는 너희가 우리와 함께 있는 동안 집안을 잘 꾸려갈 것이며, 아빠와 엄마가 늙어서 너희들에게 부담되지 않을 존재가 되기 위해 노후를 준비하겠다. 너희들이 결혼하면 너의 가정을 위해서 돈을 쓰면 된다."

그런데, 막상 큰아이에게 대학입학금을 주면서 "지금껏 아빠가 말해 왔듯이 이번이 대학 학비지원은 마지막이다"라는 말에 가장 놀란 것은 엄마였다. 그동안 필자의 말에 대해서 설마설마했던 것이다. 등록금은 학기별로 대부분 400만 원 전후가 될 것이다. 물론 회사에서 지원해주는 학자금도 일부 있지만, 등록금 대부분을 아이들이 학교 다니면서 준비한다는 것은 쉬운 일이 아니다. 부모님에게 등록금을 받아서 학교에 다닌 아내로서는 아이가 등록금을 매번 준비한다는 그림이 그려지지 않았던 것이었다. 그러나 경제적지원의 시기 기준만큼은 필자의 의견에 따라 줄 것을 간곡히 다시 아내에게 부탁하고 설득하였다. 지금은 그 결정이 맞았다는 사실에 아내도 공감을 한다.

아이의 생각과 생활이 주도적으로 바뀐다.

큰아이도 본인이 대학생이면 성인이고, 성인이면 본인의 길을 만들어 가야 된다는 점, 그리고 경제적 자립이 본인에게 도움이 된다는 것을 느끼고 있다. 아이 생각과 생활도 바뀌었다. 일단 돈의 소중함을 알고, 필요한 곳에만 쓴다. 그리고 본인이 사고 싶은 것을 눈치 안 보고 자유스럽게 사지만 여러 번 심사숙고하고 잘 알아보고 난 뒤 구입을 한다. 노트북도 사고, 향수도 사고, 옷도 사 오고, 자기 방에 필요한 생활용품도 본인이 척척 사 와서 나름 작은 살림을 한다. 어떻게 보면 자기 마음대로라고 생각되지만, 다르게 보면 자신에 대해서 주도적으로 생각하고 행동하고 선택에 대한 자기반성도 하는 것이 보인다.

아이들이 알바로만 등록금 준비가 어렵다는 것을 알기 시작하면서는 학교 장학금에 대해 관심을 갖고 공부도 열심히 하고 다양한 제도를 본인이 알아보고 이용도 한다. 큰아이 1학년 때의 일이다. 한 과목이 B+를 받은 것이다. 본인은 A라고 생각하고 장학금을 기대했는데, 그 과목으로 인해 장학금 수혜가 제외된 것이다. 본인은 다음 학기의 등록금 준비를 이미 계산을 다 해 놓은 것이다. '알바로 얼마, 장학금으로 얼마, 그동안의 적금으로 얼마'를 계산했는데, 그 장학금에서 펑크가 난 것이다. 하루를 고민하더니 교수님을 찾아갔다. 그 아이가 교수님에게 어떻게 한지는 필자도 모르겠다. 결과는 A로 변경되고 장학금을 받아 낸 것이다. 놀라웠다. 1학년 아이가 교수님을 찾아간 것, 본인이 장학금을 받아 낸 것이, 체육실기인데 누가 봐도 잘했다는 인정을 공개적으로 받았던 상황이었다는 것이 큰아이의 줄기찬 주장이었고 결국 인정을 받아 낸 것이다.

그리고 군대를 제대해서 3학년이 되어서는 학과회장에 도전하더니, 당선이 되어 임원선정부터 학과복지까지 나름 크고 작은 일들에 신경을 쓰고 있었다. 회장역할을 어떻게 하는지 간간이 묻고 대화를 나눠보니, 학회운영비 사용에 대해서 상당히 정확하고 합리적인 생각을 하고 있는 것을 알게 되었다. 학회장 역할에 대한 보상으로 일부 장학금이 지원된다. 그러나 학회장 출마 결정은 금전적인 이유만은 아닌 것 같다. 본인이 가지고 있고 키워 왔던 내재적 리더십이 본인을 부추긴 것 같다. 하여튼 시도하고 도전하고 노력하고 성취하는 모습이 보기 좋다. 본인도 그런 것에 스스로 만족을 하고 성장함을 느끼고 배우고 있어 보인다.

지금은 대학교 4학년인데, 2년 동안 알바를 했던 서울 수유동에 '방탈출' 가게를 인수하여 4월부터 본인이 직접 운영하게 되었다. 한마디로 25세에 대표가 된 것이다. 코로나의 상황에서 사업을 한다는 것, 그리고 대학교 졸업도 하지 않은 학생이라는 상황에서 부모 된 자로서 몇 번을 고민하고 고민하였다. 그러나 본인이 해 보고 싶다는 주장에 인정하고 은행에서 돈을 마련해 주었다. 그 돈은 본인이 14개월 안에 아빠에게 갚겠다고 약속을 했다. 겁내지 않고 시도해 보고, 자신의 길을 만들어 가는 모습이 대견하고 든든하다. 이러한 일을 생각하고 결정하는 마음은 하루아침에 만들어지지 않았을 것이다. 응원한다.

재미있는 것은 둘째 아이다. 자동적으로 따라온다.

둘째 아이에게는 크게 경제적 자립, 대학등록금 지원에 대한 이야기를 별로 안 했다. 그러나 자연스럽게 그 아이도 대학 입학금까지가 마지막이었다. 형이 하는 것을 보고 나도 저렇게 해야 하는가 보구나 하고 자연학습이 된 것이다. 참 쉽게 이어져 갔다. 작은놈은 한 술 더 떠서, 본인이 등록금 마련에 감당이 안 되니까 등록금 분할제도를 알아보고 활용을 하는 것이다. 알바를 하면서 모아서 등록금 조금씩 나누어 내는 것이다. 군에 입대한 작은놈은 '군바리 월급'을 저금하고 있다고 한다. 다음 등록금에 대한 준비를 하고 있는 것이다. 다들 살아가는 방법을 깨우치고 있는 것이다.

  언젠가부터 아빠 엄마 생일과 어버이날에 두 놈이 저녁 약속을 잡고 식당 예약을 하고, 맛있는 저녁을 사 주는 것이 아닌가. 고마운 시간들이었다. 2019년 11월에 이사를 했다. 나름 조금 더 좋은 환경이다. 현명한 아내가 이루어 낸 작품이라고 생각한다. 참 고마운 사람이다. 이사한 첫날 밤에 거실에서 가족이 모였다. 그리고 아들들에게 고맙다고 인사를 했다. "사실 아빠가 너희들이 아르바이트로 향하는 뒷모습과 들어오는 모습을 보면 이런저런 생각이 많이 든다. 가끔은 미안하기도 하고 마음도 짠하기도 했었다. 그러나 싫다고 하지 않고 참아 가며 긍정적으로 임해 주어 고맙다. 이러한 경험이 너희들에게 분명히 좋은 경험이 될 것이다. 너희들이 등록금을 마련하니, 그러한 결과로 엄마가 돈을 더 모아서 이런 좋은 집으로 이사도 오게 되었다. 아빠 엄마도 더 부지런히 벌어서 너희들에게 나중에 신세 지지 않도록 하마. 고맙다. 사랑한다."

  큰아이는 학교에서 빈 시간을 활용하여 헬스장에서 근로를 하며, 매주 토요일과 일요일 이틀 동안 오후 4시에서 새벽 2시까지는 알바를 했다. 작은아이는 매주 금요일과 토요일 저녁 11시에서 아침 9시까지 편의점 알바를 하면서 학업을 이어 갔다. 얼마 전부터는 큰아이와 결혼 지원금에 대해서 이야기를 꺼내고 있다. '지원금'이 아니라 '선물'을 하겠다고 했다. 선물이라는 것은 받으면 좋은 것이다.

꼭 주어야 할 책임감하고는 다른 의미다. 결혼 선물로 천만 원 정도면 어떨까 액수를 말하였다. 엄마는 웃고 아이는 별 반응은 없었다. 최근 큰아이는 결혼을 빨리하고 싶고, 최대한 간략하게 할 계획이라고 한다.

  등록금 이야기를 하다 보니 자식 자랑이 된 것은 아닌지 모르겠다. 자녀의 경제적 지원의 한계는 언제까지로 할 것인가? 부모와 자식 간의 경제적 지원의 시기와 방향을 일찍 생각할수록 자녀교육이 달라질 것이라고 말하고 싶었던 것이다. 당연히 주어야 하고 당연히 받아야 하는 관계가 부모자식인가? 그리고 그 부모의 당연한 지원이 자식들에게 당연한 좋은 결과만 있는지 생각을 해 보아야 한다. 주는 만큼 더 기대를 하는 것은 아닌지. 그 기대가 실망으로 오는 것은 아닌지. 관심과 사랑의 방법은 여러 가지가 있을 것이다.

  아이들에게는 무엇보다도 생존역량을 길러 줘야 한다. 가난한 상황, 어려운 생활 등에서 극복하고 이겨 낸 사람에게는 절박한 추진력이 있고 살아야만 하는 절실함이 있다.

  이것은 지식과 경험을 압도할 것이다. 자녀들이 훗날 꿋꿋하게 잘 살아가면 좋은 일 아니겠는가. 지금은 우리 부모의 마음이 아프더라도 사랑하는 자식들에게 던져질 야생생활에서 살아내는 힘을 지니기 위해서 우리 아빠 엄마가 '자녀의 경제적 지원의 한계 선언'을 계획하고 미리미리 마인드 교육하면 좋겠다.

> 아이가 매일 반복적으로 하는
> 어떤 일들이 아이의 내일을 만든다.

6장

이제 살아가는 힘을 위한, Cr6다!

Cr1. 책 속의 재미있는 한 문장을 PC에 저장해 보자
- 책을 읽고 책을 쓰게 될 것이다 -

세계 최고 명문 대학인 미국 하버드를 졸업한 40대 1,600여 명에게 '현재 일을 하는 데 있어 가장 중요한 것이 무엇이냐'는 질문을 던졌다. 놀랍게도 90% 이상의 졸업생이 '글쓰기'라고 답했다. 하버드대학교에는 150년 전통의 글쓰기 수업이 있다. 이 프로그램은 하버드대학교에 입학하면 누구나 수강해야 하는 과목이다. 미국의 기업들도 글쓰기 능력을 우선순위에 두고 인재를 뽑는다. 그 이유가 무엇일까?

글 한 편이 사람의 마음을 움직이고, 생각을 바꾸고, 세상을 바꾸기도 한다. 리더는 가치와 비전을 사람들과 나눌 수 있어야 하기에, 러더의 핵심 역량으로 글쓰기가 매우 중요시되고 있다. 우리 아이들에게는 이후 꼭 필요한 '삶의 무기'가 될 것이다.

필자가 책을 가까이한 것은 회사에 다니면서부터다. 중학교는 시골인지라 시간 나면 논밭에 나가서 일을 했었고, 고등학교와 대학교 과정에서는 시간 나면 삶을 위한 돈 벌기 전쟁이었다. 첫 직장에 취직 후 본사로 이동하여 일을 하다 보니, 당장 컴퓨터 활용능력과 문서 작성 및 글쓰기가 스스로가 해결해야 할 과제였다. 그리고 다른 부서 담당자들과 업무를 하면서 스스로에게 짜증이 났던 것은 대화의 어려움이었다. 행정과 관련된 내용도 어색할뿐더러 스스로 아는 것이 너무 바닥이었다. 보고서 작성은 삼류급이어서 상사에게 핀잔 듣기 일쑤였다.

책 읽기야 주변에서 자기계발로 많이 조언을 하지만 글쓰기에 대해서는 들은 바가 거의 없었다. 우리 교육에서 글쓰기는 좀 더 있었으면 하는 아쉬움이 많다. 고작 일기 쓰기 방학숙제였으니 말이다. 방법은 배워 채우는 것이다. 배가 고프면 밥을 먹게 되듯이, 그때부터 아침 일찍 출근하여 책을 읽기 시작하였다. 한 달에 한 권은 읽었고, 5년 전부터는 최소 2주일에 한 권을 읽으려고 애쓴다.

글을 써 보는 연습을 나름대로 했다. 일기를 써 보다가 습관이 안되어 다른 방법을 취했다. 교육을 하는 팀에서 일을 했었기에, 강의가 잡히면 강의교안을 작성한 후 토시 하나 빠트리지 않고 풀 교안(멘트가 모두 있는 교안)을 작성해서 매끄럽게, 포인트 있게, 주제별 내용 길이와 강약 조절 등을 생각하면서 가다듬는 연습을 했다. 그렇게 하다 보면 내용이 일목요연하게 정리가 되고, 강의가 알차게 되었다. 그렇게 강의를 통해서 글쓰기도 함께 연습을 하였던 것이다. 이 기회가 나중에는 회사 내부용 작은 책자도 발간하게 하는 기회를 선물해 주었다.

지금은 이렇게 책 발간을 위해 새벽에 일어나서 노트북을 켜고, 토요일과 일요일에는 아무것도 하지 않고 식탁에 앉아서 씨름할 정도로 머리를 싸매고 있다. 전문적인 지식이 많고 책을 더 읽었더라면 이렇게 어렵게 글을 쓰지는 않을 거라는 생각이 너무나 간절하다. 그렇게 좋아하던 술도 부담되어 일주일에 한 번 정도밖에 못 먹는다. 책을 쓰지 않으면 만사 해결이 될 일인데, 필자가 책을 꼭 쓰고 싶은 이유를 발견했기 때문이다.

책을 쓴다는 것은 '더 배울 수 있다'는 것을 깨닫는 일이다.

조영석 저자가 『이젠, 책 쓰기다』에서 말하듯 책 한 권을 책을 쓴다는 것은 "저자가 가지고 있는 모든 경험과 지식과 노하우를 꺼내어 세상 사람들에게 보여 주는 것과 같다."라는 말에 관심이 쏠렸기 때문이다. 그렇다면 필자의 경험과 노하우를 담아서 후배나 주변에 관심 있는 분들과 공유하면 더 좋겠다는 생각을 한 것이다. 이것은 주변에서 말하는 책 쓰기가 성공의 기회를 잡는다거나 퍼스널브랜딩이 된다는 것과는 조금 다른 생각이다.

그렇게 생각해서 책을 쓰기 시작했다. 시작 전과 너무나 다른 세상이 필자 앞에 펼쳐진 것이다. 알고 있는 것을 쓰면 되는 것이 아니다. 일단 알고 있는 것을 머리와 가슴에서 꺼내야 한다. 꺼내면 그것을 읽기 쉽게 써야 하고, 객관성을 뒷받침하는 작업 등이 있어야 함을 알게 된 것이었다. 필자가 쓰는 주제에 관련해서 책을 읽다 비슷한 생각과 경험을 가진 다른 사람들이 쓴 책을 보면서 비교하고 배우는 기회도 얻게 된다. 즉 책을 쓴다는 것은 분명히 어려운 것이지만(처음이니 더욱 힘들 것이라고 생각한다), 필자가 아는 것을 더욱 확실하게 알게 되고, 더 지식을 추가하는 작업이 책 쓰기에 수반되는 것임을 알게 된 것이다. 글쓰기와 책 쓰기는 분명히 차이가 있는 것이었다.

필자는 이 매력에 빠진다. 이 매력이 오래 지속되었으면 좋겠다. 만약 이렇게 1년에 1권씩 책을 쓴다면, 만약 어느 주제를 잡고 책을 쓴다면 그 책의 내용을 공부하고 그 책의 내용에 대해 전문가가 된다는 결론이 나오는 것이었다. 배운다는 것은 항상 더 좋은 삶의 기회가 우리에게 오는 것이 아니겠는가. 이렇게 책 쓰기에 대한 좋은 점을 생각하고 체험하니 가슴이 뛰고 온 세상이 달라 보이는 것이었다. 어찌 보면 이게 인생 2막의 길을 위한 도전이 아닌가도 싶다.

우리 아이들이 책을 쓰기를 부모님들께 적극 권장하고 싶다.
"에이 어떻게 아이가 책을 쓸 수 있는가?"를 생각하지 말고, 방법을 찾아보기 바란다. 책을 한 권 쓴다는 것은 그 책의 전문가로 태어난다는 것만 꼭 기억해 주셨으면 한다. 앞으로는 전문가의 시대가 펼쳐질 것이다. 전문가가 누구보다 잘 살아갈 수 있을 것이다.

책 쓰기의 시작은 책 읽기다.

책이라는 것은 단순한 이론이 아니라, 본인의 강점과 본인이 '특별히 잘 아는 일'에서 시작된다. 그 방면에 최소한 5~20년의 피땀의 노력이 녹아져 있는 경험이 많다. 우리는 그러한 책 한 권으로 그 전문가들의 경험과 노하우를 1주일 만에 간접경험을 하게 되는 것이다.

이것이 독서의 힘이다. 그 저자의 연구와 경험으로 자신의 길을 만들고, 목표점에 다다르는 시간을 우리는 단축할 수 있는 것이다. 한 사람의 지식과 경험과 철학이 흠뻑 들어 있는 책을 읽는다는 것은 그 전문가와 대화를 한다는 것이다. 이것이야말로 팬데믹, 언택트 시대에 세상과 소통하는 최고의 방법이 아닐까. 그리고 독서의 임계량에 따라 리더의 필수 역량으로 가는 '책 쓰기'로 연결되는 것이 아닐까. 기존에 우리가 가졌던 독서, 책 읽기의 개념을 조금은 바꾸어 보는 기회가 되기를 바란다.

어떻게 하면 아이들이 책을 좋아하게 될까.
방법이 한두 가지가 아니고 우리 부모님들이 모르는 것도 절대 아닐 것이다. 얼마든지 다음과 같은 좋은 조언들을 해 줄 수 있고 쉽게 인터넷이나 유튜브를 통해서 알 수 있다. '책이 재미있다, 좋다'

라고 생각하는 순간까지 지속적인 노력을 해야 한다. 습관이 될 때까지 도와주어야만 한다. 아이가 책과 친해지기 위해 주변에 책을 놓는다. 책을 읽어 주고 같이 읽어 준다. 혼자 읽게 한다. 이 모든 것들이 성공한 모범적 사례들이다.

그러나 바쁜 현대 시대에서 모범 사례를 따라 하기가 쉽지는 않을 것이다. 그래서 필자가 생각하는 것은 우리가 책과 가까이하는 부모의 모습을 보이는 것이다. 어떤 책이라도 좋다. 아이 책 읽기 훈련이 힘들면 부모가 책 보는 모습을 보여 주자. 아이들은 보고 배우지 않는가. 잡지도 좋고, 신문도 좋고, 소설도 좋다. 책과 가까이하면서 즐거워하는 모습을 보는 아이는 최소한 책을 싫어하지는 않을 것이다. 생활 속에서 자연스럽게 책과 함께 있는 환경이 마련되기를 바란다.

어떻게 하면 아이가 글쓰기와 친해질 수 있을까? 글을 쓰는 것도 습관이다.

충분히 잘 아시겠지만, 먼저 아이들은 글쓰기를 매우 싫어한다는 것을 꼭 알아야 한다.

더 싫어하는 것은 읽는 것도 싫고 쓰기도 싫은데, 책을 읽고 독후감을 쓰는 것 자체는 어떤 아이에게는 독서에 대한 부담감을 주어 근본적인 문제를 야기하는 경우도 생기곤 한다. 또 하나, 글쓰기 기술을 어설프게 가르치지 않는 것이 좋다. 글을 써야 고칠 것이 있는 것이다. 이제 막 써 보려고 하는 아이에게 빨간색으로 도배되는 노트는 사기저하를 시키는 촉진제가 된다. 그것은 천천히 해도 된다. 일단 무엇이든지 쓰는 것이 중요하다. 글도 하나의 언어로서 전달을 위한 표현이지 남에게 자랑하기 위한 작품이 아니지 않는가. 문장 하나 쓰기가 어른들도 어렵다는 것을 꼭 알고 아이들과 함께 해 보자.

모든 아이들이 처음부터 글을 잘 쓰기는 어려울 것이다.

조금씩 조금씩 접근해 보자.

책을 읽고 쓰기를 싫어한다면, 일단 한 문장을 써 보게 하면 어떨까. 노트가 싫으면, 시대에 맞게 핸드폰이나 노트북에 써 보게 하는 것이다. 아이가 쓴 어떠한 글도 좋다. 그 글을 읽고 그 글에 대해서 함께 이야기하자. 어떤 의미인지, 왜 그렇게 썼는지. 그 정도면 충분하다. 이것이 시작이다. 그렇게 일주일에 한 번씩 하고, 점차 아이가 혼자 써서 SNS로 받아 보는 것도 다른 방법이다. 새로운 재미가 있을 것이다. 그리고 SNS로 그 쓴 문장에 대해서 이야기해 본다. 자녀의 글에서 서서히 문장의 수가 늘어갈 즈음에는 노트북에 일기를 써 보게 하는 것이다. 아니면 독후감을 써 보게 하는 것이다.

아이에게 글 쓰는 연습을 조금 더 시키고 싶다면 단계적인 방법도 있다. 첫 단계는 책 제목만 쓰게 하는 것이다. 쉬운 접근이다. 중요한 것은 아이가 써 놓은 제목에 부모도 관심을 갖는 것이다. 다섯

권째 책 제목이 적힐 때는 보상을 해 보자. 두 번째 단계는 필사다. 필사는 따라 쓰기로 많은 장점이 있다. 급하지 않으니 악필을 교정하고 맞춤법을 익히는 데 도움을 준다. 더욱 좋은 것은 검증된 좋은 문장을 보고 쓰면서 자연스럽게 어휘력과 문장력도 기를 수 있다는 점이다. 필자가 천주교에 입문하면서 주어진 성경 필사 과제를 하면서 공부를 많이 하게 되었다. 필사를 하다 보니 책을 대충 읽지를 못한다. 내용을 생각하게 되고 이해하면서 음미를 하는 자신을 발견한 것이다.

필사 초기에는 한두 줄이면 충분할 것이다. 아이들이 재미있게 생각하거나 좋아하는 문장이나 본인이 원하는 문장을 읽은 책 본문 중에서 골라서 따라 쓰게 하는 것이다. 그리고 본인이 쓴 문장을 한번 읽어 보게 하면 더욱 좋다. 이것이 본인에게는 확인이 되는 것이다. 이때 아이가 읽은 문장을 들은 부모는 반응을 하게 되면 이것이 표현과 대화의 시작이 되는 것이다. 또한 이 필사를 컴퓨터나 핸드폰에 저장을 해 놓는 습관이 생기면 이것이 바로 기록의 습관이 될 것이다. 필사는 꼭 연필로 해야만 되는 것은 아니다. 본 의도를 살리면 된다.

코로나로 온라인, SNS의 우리 실생활 침투가 가속화되고 있다. 말보다 텍스트가 점점 중요한 시대로 빠르게 변해 가고 있다. 글쓰기 실력이 곧 그 사람의 가치인 시대가 왔다.

단어 하나가 문장이 되고, 문장이 몇 줄의 글이 될 때까지 우리가 인내를 가지고 습관을 만들어 보자. 그 글 쓰는 힘이 책을 쓰게 될 것이고 책 쓰는 기회가 전문가로 만들고 그 전문적인 지식과 기술이 살아가는 힘의 무기가 될 것이다.

  책을 보는 아빠와 엄마의 모습!
  좋은 문장을 필사하는 아이의 모습!
  읽기와 쓰기의 기본 실력을 쌓아 바른 의사소통의 능력을 키울 것이다.

6-2

Cr2. 숙제(학습지)는 '내가, 정해진 시간에' 하자
- 자기주도학습, 책임감과 규칙적 습관으로 연결된다 -

학교에서 숙제를 내주는 이유는 무엇일까? 그 이유를 먼저 알아보면 숙제를 하는 방법이 좀 달라질 것 같다. 먼저, 수업시간만으로는 아이들이 그날 배운 내용을 충분히 소화하기 어려우니 숙제를 하면서 수업 내용에 대한 예습과 복습을 할 수 있는 것이고, 둘째는 빠른 수업 진행과 많은 아이들 속에서 본인의 생각 기회가 적을 수 있는데 집에서 숙제를 하면서 자신의 방식으로 이해하고 정리할 수 있다는 점, 그리고 수업 주제와 관련이 있지만 교과서에서는 없는 영역을 탐구해 볼 기회를 주기 위해서 숙제를 내준다. 그래서 숙제를 잘하는 아이의 성적이 상대적으로 높은데, 그 이유는 숙제를 성실히 하는 태도가 학교생활과 공부에 영향력이 크기 때문이다.

영어교육 윤 선생에 따르면 83.4%가 학교에서 내주는 숙제가 자녀의 학업에 도움이 된다고 답했다. 그 이유는 '숙제가 곧 공부이기 때문에(60.6%)', '스스로 해결하는 능력을 기를 수 있어서(31.4%)',

'예습 및 복습을 별도로 시키지 않아도 돼서(26.4%)', '매일 공부하는 습관을 들일 수 있어서(24.5%)'라고 한다. 숙제를 학교에서 내주는 이유를 충분히 이해하고 아이들이 잘 해 준다면 우리 가정에 평화와 웃음은 가득할 텐데… 항상 현실은 이상과 다르다는 점이 우리를 고민하게 만든다.

현장에서 아이들을 지도하고, 학부모님을 만나면서 가장 아쉬웠던 것은 우리가 '숙제를 숙제로만' 생각한다는 것이다. 학습지도 중학교에 진학하기 전에 80% 이상의 아이들이 가정에서 경험을 하게 되는데, 이것 또한 '학습지인데 뭐'라는 생각 때문에 좋은 결과를 못 보고 아까운 사교육비만 지출하는 것을 보았다.

4장에서 초등학교 시절의 습관이 중요함을 이미 많이 언급했다. 숙제도 그 좋은 습관이라는 연장선상에서 보면 좋겠다. 숙제를 끝내는 것에 목표를 두지 말고, 어차피 해야 할 숙제와 학습지를 이용해서 중학교, 고등학교 아니 성인이 되어서 좋은 태도로 이어지는 것을 생각하여 관리를 하자는 것이다.

첫째로 숙제는 '내가' 하는 것이다. 당연히 내가 하지 않느냐 하겠지만, 내가 어떻게 하는가가 중요하다. 엄마가 알려 주는 것을 아이가 옮겨 쓰거나 베끼는 것이 아니다. 내가 '찾아가며 하는 숙제'를 말한다. **둘째로 '정해진 시간'이라는 규칙성이다.** 특히 학습지는 일정한 시간이 아니면 학교, 2~3개의 학원, 컴퓨터게임 등으로 바쁜 아이들에게는 밀리는 경우가 매우 쉽다. 그 시간만큼은 반드시 하는 습관은 책임감으로 연결된다. **셋째는 '단숨에' 하는 집중력이다.** 고민을 하면서, 자료 찾기를 하면서 시간이 걸리는 것과 이유 없이 화장실을 들락날락하면서, 핸드폰을 만지작거리면서 소요되는 시간에는 큰 차이가 있다.

'내가' 하는 숙제는 '자습'으로 이끌어 준다.

숙제는 단순히 수업시간에 못 푼 문제를 푸는 것이 아니라 '자기주도' 학습능력을 기를 수 있는 계기가 된다는 것을 알았으면 좋겠다. 즉, 스스로 배우고 익혀 스스로 해결해 가는 자학자습(自學自習)이다. 숙제를 하는 데 급급해 베끼거나 요령을 피울 때에는 숙제가 자녀의 학업에 도움이 되지 않고 효과도 분명히 떨어진다. 그리고 부모가 답답한 마음에 숙제를 대신 해 주는 것은 나쁜 태도를 키우게 된다. 스스로 공부할 기회를 빼앗는 것이 되고, 내가 어려울 때 남에게 부탁하는 의지형의 태도를 갖게 되고, 자신이 직접 이루어 내는 성취감도 못 느끼게 된다. 아이들이 직접 숙제를 하는 과정에서 많은 학습과 태도가 형성됨을 알아야 한다.

이를 위한 좋은 도구는 우리 곁에 많다. 특히, 인터넷을 아이들은 너무 잘 다룬다. 인터넷이 게임보다는 정보검색이라는 용도와 해결의 도구로 많은 인식이 되기를 바란다. 그리고 참고서는 실제로 보고, 생각하고, 느낄 수 있도록 제작되어 있다. 텍스트보다 그림이나 사진과 같은 이미지가 많고, 수행평가 활동지를 통해 가볍지만 기초 지식은 쌓을 수 있도록 했다.

숙제를 함에 있어서 그냥 끝내지 말고 찾아가면서 하는 습관을 들여 보자.

저학년의 경우에는 익숙해질 때까지 함께 찾아본다. "아, 우리나라의 자랑스러운 것을 한번 참고서에서 찾아볼까? 몇 단원에서 나오지? 아, 여기에 있구나. 뭐라고 나와 있지? 그래, 찾으니 우리가 필요한 내용들이 있구나! 어렵지 않구나. 다음에도 이렇게 모르거나 알고 싶은 내용이 있으면 찾아보면 재미있겠다"라는 대화를 하면서 해 보기를 바란다. 중요한 것은 아이가 혼자서 검색하고 찾는 습관이 될 때까지 관심을 가지고 함께하며, 서서히 아빠 엄마의 역할을 줄여 가는 것이다.

숙제나 학습을 하면서 필요한 자료를 찾는 방법은 인터넷 등 많으나 어디에서 자료를 찾을 수 있는지, 그 방법을 안내한다.

먼저, 필요한 자료가 무엇인지 알아본다. 학교 숙제라면 그 단원에서 꼭 알아야 할 내용이 무엇인지 확인하고 어떤 자료를 수집하여 정리할 것인지 생각하는 것이다.

둘째, 직접 찾아가기다.
가까운 도서관에는 과목별로 필요한 부교재들이 준비되어 있다. 도서관에서 내게 필요한 자료를 찾기가 오히려 더 어려울 수 있다. 하지만 그런 시간을 보낸 만큼 공부하는 방법을 몸으로 체득하게 되는 것이고, 그런 공부는 내 것이 되는 것이다. 스스로 커 가는 것을 느끼게 될 것이다. 또 하나는 서점을 이용하는 것이다. 서점에는 신간 서적이 있다는 장점이 있다. 새로운 정보가 많고 다양하기에 꼭 구입을 한다는 전제가 아니라, 필요한 정보를 얻고 정보 사회의 흐름을 볼 수 있는 좋은 곳이다.

또한 필요한 책을 직접 구입하는 경험도 아이에게는 좋을 것이다. 자신에게 필요한 것을 스스로 사는 습관이다. 그 외에도 잡지, 신문 등 많이 있다. 중요한 것은 주도적으로 찾아가면서 배우는 것에 대한 재미가 있다는 것과 직접 찾아서 배운 것이 좋았다고 본인이 느끼는 경험이다. 그 경험을 쌓게 하자.

학교에서 배우지 않은 것도 본인이 스스로 배우고 익혀서, '혼자서도 배울 수 있다'라는 자신감과 진취적인 자세가 진정한 배움의 태도라고 생각한다. 세상을 살아가면서 발생하고 겪게 되는 일들이 모두 학교에서 배운 내용과 기술로만 해결될 수는 없는 법이다. 그때그때 상황을 판단하고 그 문제해결을 위한 방법을 찾고 풀어 나가야만 할 것이다. 그 습관과 태도를 아이가 하는 숙제에서 길러 주자. 이런 습관은 가정에서도 충분히 길러 줄 수 있다.

'학습지'도 '책임감과 규칙적인 습관'으로 이끌어 준다.

학습지는 보통 일주일 동안 아이들이 집에서 풀어야 할 학습 분량이 있다. 그리고 1주일 후에 담당 선생님 방문하여 학습결과를 피드백해 주고 새로운 진도 내용을 안내해 주는 학습 프로세스의 형태를 가진다. 방문시간도 그리 길지가 않다. 그 이유는 아이들을 가르치는 목적이 아니라 아이들이 혼자서 잘 하도록 학습 진도를 잘 짜 주고 문제점을 정확히 짚어 주는 것이기 때문이다.

그렇다면 학습지를 시작할 때 학부모님들이 잘 아셔야 할 포인트가 2가지가 있다.

하나는 교재선택이다.

1주일 동안 아이가 혼자 풀어야 한다는 사실을 꼭 기억해야 한다. 따라서 혼자 할 수 있는 학습내용과 구성이 좋아야 한다. 선생님과 엄마가 옆에 있어야 아이가 풀 수 있는 것인가 아니면 혼자서도 할 수 있는 아주 세밀한 교재 전체 구성과 힌트나 보기문제가 적절하게 구성되어 있는지를 꼼꼼히 확인하는 것이 좋다. 또한 설명이 많이 있다고 해서, 화려한 교재 구성이라고 해서 꼭 좋은 학습지는 아닐 수 있다. 아이들이 이해하기 쉬운 내용이나 아이들이 생각할 수 있는 '사고하는 공간'이 있으면 더욱 좋을 것이다.

다른 하나는 학습 습관이다.

아이가 학습지만을 통해서 서울대 합격에 필요한 모든 지식을 얻기를 바라는 학부모님은 안 계실 것이다. 그것은 무리다. 단, 서울대 입학시험 합격을 위해 필요한 기초지식이나 중요한 습관을 초등학교 저학년 시기에 만들 수 있는 기대는 하셔도 좋다. 보통 하루에 3

장에서 5장을 학습하게 된다. 이것만 아이들이 놓치지 않고 꾸준히 한다면 학습지로서의 역할은 충분하다고 본다. 옆에서 가르쳐 주는 사람이 없는 상태에서 본인이 혼자 한다는 것은 내가 모르는 문제를 설명이나 보기를 통해 알아간다는 것이고, 매일 한다는 것은 결국 해야 되는 하루의 몫을 해내는 책임감과 규칙적인 습관을 만든다. 학습지도 학교의 숙제처럼 문제를 풀어 가면서 나도 모르게 실력이 늘고 습관이 잡힌다.

그래서 아빠와 엄마는 아이가 하루치의 분량을 했는지 확인을 해 주는 관심을 가져 주어야 한다. 절대 화를 내지 말고 6개월 또는 1년, 아니 경우에 따라서 더 소요되는 시간 동안 인내의 시간을 가지고 하루치를 꼬박꼬박 하도록 이끌어 주어야 한다. 어른들도 매일매일 헬스장이나 수영장에 빠지지 않고 나가는 것이 쉬운 일이 아니다. 특히, 게임도 아닌 공부를 하는 것인데 그리 쉽지만은 않을 수 있으나 남들이 못하는 것을 내가 해야 차별화가 있지 않을까? 욕심내지 말고, 하루에 3장, 어려우면 1장만이라도 거르지 않고 하면 된다.

매일매일 하도록 하는 중요한 조건은 그 아이에게 알맞은 진도다.

학습지는 아이의 부족한 부분을 채워 주는 용도도 있으니, 내 아이의 학교 학년을 기준으로 삼으면 안 된다. 5학년의 아이가 학교에서 공부를 어려워할 때는 분명한 이유가 있다. 그 이유를 찾고 해결하는 쪽으로 학습지를 이용해야 한다. 그렇다면 내 아이의 '학년'을 생각할 것이 아니라, 내 아이의 현재 '학력'을 정확히 그리고 냉정히 파악하고 인정해야 한다. 그러면 아이의 학습 진도가 아이에게 맞추어질 것이고, 그때부터 자기 주도적인 공부가 될 것이다. 아이들은 공부가 어려우면 안 한다. 집중도는 당연히 떨어진다. 엄마의 욕심으로 아이들이 학습지조차 어려워 중간에 중단하는 경우는 참 안타깝다. 학습에 있어서는 아이가 중심이 되어야 한다.

숙제와 학습지는 시간 관리가 필요하다.

이를 위해서는 일정한 시간을 정해 놓아야 한다. 3~5시 공부하기, 7~9시 게임하기와 같은 'About 시간표'가 아니라 특히 학습은 정확한 시간표를 짜서 지키게 하는 것이 좋다. 숙제는 아침에 하는 습관을 들이는 것을 권장한다. 아침을 지배하는 일상이 주는 효과는 엄청나다는 것은 누구나 다 안다. 미라클모닝(miracle morning)을 알고 있다면, 경험을 했다면 아이들에게 아침에 하는 습관을 생각해 보자. 적극 추천한다. 무엇인가 쫓기는 상황이면 해야 하는 경우가 많다. 특히, 학교 가기 전에 학습지를 하면 단숨에 하게 되고, 모든 아이가 아침형 인간이 되기는 어려울 수 있으니, 아침이 너무 어려우면 저녁 식사 전에 숙제를 하게 되면 배가 고픈 상태여서 집중도가 더 있고 속도가 나게 된다.

가정에서 가장 많이 하는 숙제나 학습지에 대한 목적의식을 갖도록 하자.

인간의 지혜는 가르침을 받을 때보다 스스로 할 때 자라난다.

숙제는 끝내는 것이 아니라 숙제를 통해서 본인이 문제를 해결하는 습관을 잡아 준다는 의식을 하면 좋겠다. 학습지도 '3만 원짜리'라고 생각하지 말고 어차피 시작을 했다면, 엄마가 욕심을 내지 말고 아이 능력에 맞추어 조금씩 조금씩 매일 푸는 습관을 잡아 주는 것이 제일 중요하다고 생각을 하면 좋겠다. 이러한 목적으로 숙제와 학습지를 하게 될 때, 공부를 혼자서도 잘하는 방법을 알게 되고 다른 어려운 것도 혼자서 잘 해결하는 습관으로 연결될 것이다. 그것이 자학자습이고, 규칙적인 습관으로의 연계성이다. 이것은 평생 학습을 넘어 살아내는 힘을 만드는 습관이 될 것이다. 숙제, 지금은 작지만 나중은 큰 힘이 된다.

Cr3. 엘리베이터에서 '안녕하세요' 가게에서 '감사합니다' 인사를 하자
- 인사 잘 하는 사람이 사랑받는다 -

"안녕하세요."

"감사합니다."

2~3초의 시간이 소요되는 이 짧은 한마디의 인사로 사람(人)들은 학교수업, 직장출근, 비즈니스미팅, 사회교육, 그리고 화상회의까지 모든 일(事)들의 시작과 끝을 맺는다. 서양문화에서는 낯선 사람과 눈만 마주치더라도 가벼운 미소로 인사를 건넨다. 인사(人事)는 그렇게 서로 마주 대하거나 헤어질 때에 예를 표하는 말이나 행동이다.

인간은 사회적 동물이다. 함께 어울리면서 집단을 이루고 살고 있다. 아무리 혼자 있는 걸 좋아하는 사람이라도 이 세상을 혼자 살아갈 수는 없다. 사회 속에서 도움을 주고받으며 살아가게 된다. 그래서 사람들끼리 어울려 살아가다 보면, 서로에 대한 이해와 배려가 필요하다. 그 마음이 바로 예의이고, 그 마음을 담은 행동을 예절이라 할 수 있다. 인사는 가장 기본적인 예절 중의 하나이다.

   그러기에 지구촌 사람들은 방식은 다르지만 상대에 대한 존중과 반가움을 인사로 표현한다.
   먼저 우리나라와 일본은 고개를 숙이고, 허리를 굽혀 하는 인사와 전통적인 큰절로 나눌 수 있는데, 본인의 머리를 숙이면서 예의와 존경, 경의를 표현하고, 자신을 낮춘다는 의미가 담겨 있다. 인도에서는 턱 아래로 두 손을 모으고 고개를 숙이면서 "나마스테"라고 말한다. "내 안에 있는 신이 당신 안에 있는 신을 경배합니다"라는 뜻이다. 프랑스에서는 공식적인 인사와 사적인 인사가 다르다. 공식적인 인사법은 우리처럼 악수를 하는데 사적으로 친한 경우는 '비주'라는 인사를 한다. 얼굴을 왼쪽과 오른쪽을 서로 번갈아 가며 뽀뽀를 하듯 "쪽쪽" 소리를 내며 반가운 사람일수록 그 소리를 더 크게 낸다. 이스라엘에서는 "샬롬"이라고 말하며 상대의 어깨를 살짝 주물러 주며 평안을 비는 마음을 표현한다. 뉴질랜드의 원주민 마오리족은 서로 코를 대며 악수를 한 후 "키아 오라"라고 하는데, 숨 쉬는 삶을 서로 나누고 섞는다는 의미가 담겨 있다고 한다. 태국에서는 두 손을 기도하듯이 가슴에 모으고 고개를 숙이며 인사말을 건네는데, 상대가 나이가 많거나 신분이 높을수록 고개는 더 숙이고 손은 더 높이 올려야 하며, 남자는 "사와디캅", 여자는 "사와디카"라고 인사한다. 그리고 아프리카 케냐에 거주하는 키쿠유족은 서로 인사를 할 때 상대방의 손바닥에 침을 뱉는데, 물이 귀한 지역이어서 수분을 함께 나누고 당신을 축복한다는 의미다.

세상을 뒤집어 놓은 코로나19 시대에도 이러한 인사는 사라지지 않고 다른 방법으로 지속되고 있다. 악수나 볼 키스 같은 전통적인 인사법 대신, 주먹이나 팔꿈치 터치, 양발을 반대쪽 발과 차례로 대거나 엉덩이를 부딪치는 인사법까지 나오고 있다. 없어지지는 않고 다른 방법으로 나온다는 것은 '인사 본질'의 중요성이 공감되기 때문일 것이다.

인사(人事)는 사전적 의미로 마땅히 해야 할 일 또는 사람을 섬기는 것을 뜻한다. 상대에 대한 존중의 마음 표현이며 자신 쪽에서 마음을 열고 상대에게 다가가는 것이다. 사람들 사이에 우호감을 낳게 하며, 집단 구성원들 간의 좋은 인간관계를 만들고 유지하는 중요한 습관이다. 특히 밝은 인사는 사람의 마음을 더욱 좋게 하고, 활기찬 현장 분위기를 만들기 때문에 우리는 인사 잘 하는 사람을 좋아한다.

인사도 생활습관이자 태도다.
인사할 때 걸리는 시간은 2초 또는 3초다.

이 순간의 태도가 사람들에게 좋은 인상을 심어 주기도 하며, 됨됨이가 부족하다는 평까지 나온다. 살아가는 힘을 위해 아이들이 키워야 할 작은 습관이다.

사회생활을 하다 보면 유난히 인사를 잘 하는 사람이 있다. 인사를 잘 한다는 것은 고개만 움직이는 것이 아니라 방법이 좋다. 상대에 따라 특별한 관심의 표현을 더 해 준다. 이를테면, 유난히 옷을 잘 차려입고 온 사람에게 "오늘따라 더 멋지세요!", 지친 기색이 있는 동료에게는 "요즘 감기가 유행인데, 건강관리 잘 하세요", "주말 잘 보내셨어요?"라는 인사말이다. 그러나 이런 인사는 아무나 못 한다. 어려서부터 인사를 하는 습관이 되어 있고, 커 가면서 인사를 하는 사람이 할 확률이 높다. 어른이 되면 어색하고 쑥스러워서 못 하는 경우를 많이 본다.

어린 아이들이 낯선 사람에게 인사를 해야 하는 이유를 쉽게 이해할 수 있을까? 인사는 아이들이 분명히 보고 배우는 것이다. 아직 말을 제대로 하지 못하는 미숙한 아이도 인사하는 법을 흉내 내며 자연스럽게 익히게 된다.

가정에서 인사의 향기를 서로 퍼트린 것이다.

엄마와 아빠가 서로 인사하는 모습을 보여 준다. 아침에 일어나서, 자기 전에, 회사에 출근하면서, 집에 들어오면서 밝은 모습으로 인사를 하는 것이다. 부부의 세계에서 아침에 눈을 뜨고 "잘 잤어요?"라는 한마디가 어느 정도일까. 나는 평일 아침에 얼굴을 보고 나가지만 저녁에 잠을 잘 때는 내가 먼저 인사를 한다. 그리고 얼굴을 마주하는 주말 아침에는 잘 잤냐는 인사를 한다. 물론 아이들에게도 같은 상황에서 같은 내용의 인사는 당연히 한다.

인사는 이왕이면 밝은 모습이 최고다.

누군가 시켜서 하거나 억지로 하는 인사는 절대로 상대방을 향한 마음을 담을 수 없다. 표정이 다르다는 것을 상대방은 바로 안다. 차라리 하지 않는 것이 나을 수도 있다. 인사 시엔 밝고 환한 표정으로, 상대를 존중하는 마음을 담아서 해 보자. 그 마음을 아이들은 보고 배울 것이다. 티 없이 맑은 아이들이 이쁘게 인사를 하는 모습은 그 자체가 이쁜 것이다.

엘리베이터 안에서, 가게에서 하는 인사도 훌륭한 것이다.

인사를 잘 하는 아이는 친구도 많고 사교적이다. 친구가 되기 전에는 남남이었으나, 누군가 인사를 하고 말을 건 결과로 대화가 시작되는 것이다. 따라서 낯선 사람에게 인사하는 습관을 들여 보자. 엘리베이터 안과 가게는 낯선 사람들이 자주 만나게 되는 장소이다. 모르는 사람은 경계해야 할 대상이 아니다. 함께 살아가는 이웃이라는 마음으로 먼저 인사를 하면, 아이들도 배울 것이다. 처음 만난 아이들, 어떤 아이는 울고, 어떤 아이는 엄마 뒤에 숨고, 어떤 아이는 인사를 한다.

"감사합니다"라는 표현은 무척이나 친근감을 준다. "감사합니다"라는 말에 익숙한 사람은 불평불만도 많지 않다. 일을 하면서도 짜증을 내지 않으며, 윗사람에게도 좋은 인상을 심어 줄 수 있다. 친구

사이에도 '고맙다'는 말을 자주 해 보자. 아이에게도 '고맙다'는 말을 자주 해 보자. 친구든 아이든 그렇게 말한 사람을 대하는 눈빛이 달라질 것이다.

　우리는 가끔 고마움을 모르고 너무 당연시하는 경우가 있다. 아침에 다시 살아서 깨어난 나, 출근할 회사가 있다는 것, 아내가 만들어 준 음식, 맑은 하늘과 공기, 아이들의 건강, 윗사람의 선물, 아내의 존재, 부모님의 건강, 무사고 운전, 맛있는 음식을 파는 가게, 안내 전화, 집까지 안전하게 운전해 준 택시기사님 등 당연한 것 같지만 그 자체에 감사할 것들이 너무 많다.

　미국의 초등학교 교과서에 다음과 같은 시가 실렸다고 한다. 짧지만 이 세상을 살아가는 모든 사람들에게 필요하겠다는 생각이 든다.

"마음은 마치 문과 같아서
매우 작은 열쇠로도 쉽게 열릴 수 있답니다.
잊지 마세요.
그 열쇠들 중 가장 중요한 두 가지 열쇠는
'고맙습니다'와 '안녕하세요'라는 미소 띤 말이란 것을"

　조벽 교수의 말처럼 '훌륭한 사람이 되어라'고 아이들에게 강조하는 부모는 많은데 '훌륭한 일을 하라'고 가르치는 부모는 드물다. 훌륭한 일은 좋은 마음에서 비롯되는 것이 아닐까.

  인사는 상대방의 인격을 존중하는 의미와 마음으로 하는 친절과 협조의 표시이며 원만한 사회생활과 대인관계 유지를 위해 꼭 필요한 행위다. 존중의 마음으로 상대의 눈을 마주 보고, 양손은 가볍게 주먹을 쥐고, 말인사를 건넨 후 고개 인사를 하는 우리 아이들은 사회와 직장에서 반드시 호감을 얻을 것이며 성공하기에 충분하다. 인사를 권위적 관계의 산물로 보는 사람도 있을 수 있다. 인사는 신분의 위아래, 나이의 위아래, 남녀 구분이 굳이 필요할까. 내가 먼저 상대에게 나의 모습을 반갑게 보여 주는 것이라 생각하자. 그런 인사는 본인을 기분 좋게 만들 것이다. 그리고 상대방이 인사를 받아 주면 더욱 기쁜 것이고, 받아 주지 않으면 그만이다. 아이들에게도 이런 인사의 마음을 전해 주면 좋겠다.

인사 2~3초가 인생 20~30년을 좌우한다.

  이 장을 빌려 인사를 드리고 싶다.
"저의 책을 이렇게 정성껏 읽어 주셔서 감사합니다."

6-4

Cr4. 내 신발과 타월은 내가 가지런히 정리하자
- 주변 정리는 타인에 대한 배려이고, 또 하나의 자기관리다 -

  가정에서 흔히 자녀와 엄마의 다툼이 일어난다. 엄마의 잔소리와 큰소리이다. 소위 아이들의 '주변 정리'가 화근이다. 아이들이 머물러 있던 곳은 난리가 나곤 한다. 초등학생, 중학생, 고등학생, 남자, 여자 구분이 따로 없다. 특히 딸들은 남자 아이들보다 옷이나 장식이 더 많아 일(?)들이 더 많을 것이다. 뱀 허물 벗듯이 벗어 놓은 옷들. 책상 위에 흐트러진 책들. 자기 물건인데도 못 찾아서 허둥지둥. 그러면서도 누가 정리해 주기를 바라는 듯 그냥 지내는 아이들. 애들 방에 들어가기 겁내는 엄마들. 정리하라는 잔소리도 한 번 두 번이지, 결국 엄마는 포기하고서 아이의 정리 습관을 들이지 못한 자신을 탓하곤 한다.

  아이들의 엄마는 나름 정리를 잘 하는 편이다. 다른 엄마들도 그렇겠지만 아이들의 추억사진 정리, 모든 서류정리, 옷 정리를 착착해 놓는 성격이다. 데이트하면서 그녀하고 대학교 1학년부터 주고 받았던 450여 통의 편지도 날짜별로 정리된 것을 보고 무척 놀랐다. 집에서도 물건이 제자리에 없을 때는 그 위법자(?)를 찾아내어 혼낼 정도이다. 필자도 사무실에서 책상에는 딱 일하는 것만 놓고 하고, 퇴근 시에는 책상 위에 아무것도 남기지 않는다. 집에서도 항상 정리정돈을 신경을 쓰는 습관이 되어 있다.

그러나 두 아이들은 아직까지 정리하는 습관이 아쉬운 점이다. 말하는 그때뿐이고 잘 고쳐지지 않는다. 곰곰이 생각을 해 보니 어렸을 때 습관을 잡지 못한 것이다. 맞벌이로 항상 아이들을 남에게 맡겨 키우면서 함께 정리 연습을 하거나 훈련을 하지는 못한 것 같다. 순간 중학생이 되었을 때 정리를 못 하는 것을 보고 잔소리는 했지만, 늦었음을 알았다. 나중에 결혼해서 며느리들이 누구를 원망할지 약간 염려도 된다.

정리는 어려운 것이 아니다. 정리는 청소와는 다른 개념으로 '제자리 찾아주기'를 하면 되는 일이다. 간단한 원리인데 습관이라는 틀이 행동을 붙잡고 있는 것이다. 성격의 문제일 수도 있지만, 습관의 원인이 더 많다고 생각한다. 이 정리습관의 힘은 생각보다 아주 강하고, 우리 삶에 많은 변화를 일으킨다.

『초등 2학년 평생 공부습관을 완성하라』에서 송재환 선생님은 초등학교 교사생활 20년간 알게 된 상관관계 중 하나는, 정리 잘하는 아이가 공부도 잘하고 친구관계도 좋다는 것이다. 그 이유로 그들은 학교 사물함 정리가 잘 되어 있어 책과 준비물을 바로 찾는다. 깔끔한 책상에 앉으면 바로 공부를 시작하고 산만하지 않고 집중도도 높다. 이 습관은 노트정리도 깔끔하게 하여 공부한 내용을 더 잘 기억하게 할 뿐만 아니라 시간을 관리하는 능력으로 발전시킬 수 있기 때문에 학습 능력과 집중력 향상에 도움이 된다.

우리의 일상생활에서도 정리가 잘 된 환경에서는 어떤 물건이 어디에 있는지 한눈에 파악할 수 있기에 일단 편리하다. 쇼핑을 하면서도 불필요한 중복구매를 하지 않고 꼭 필요한 물건만 구입하는 쪽으로 습관을 교정할 수 있다. 정리습관이 돈 절약까지 연결되는 것이다. 무엇보다도 말끔히 정리하면 몸과 마음도 함께 정돈되는 기분을 느낄 수 있는 것이 아닐까.

이렇게 주변 정리가 일상생활에서 많은 변화를 일으키고 있다. 물건 정리를 못해서 스트레스를 겪고 있는 고객을 대상으로 문제점을 지적해 주고 정리수납 기술과 방법을 활용해서 시스템화된 공간정리를 해 주는 '정리수납 전문가'들도 많이 활동하고 있다 한다.

필자는 이 정리습관이 또 다른 가치를 가지고 있다고 생각한다.
주변 정리가 타인에 대한 배려가 된다는 점과 자기관리의 시작이 된다는 점이다. 배려와 자기관리는 아이들이 커 가면서 배워야 할, 지금은 작지만 나중에는 큰 힘이 되는 덕목이다.

신발과 타월 정리도 가족에게는 소중한 배려가 된다.

우리는 함께 더불어 사는 공동체 생활을 하고 있다. 스스로의 행동과 습관이 다른 사람에게 많은 부분에서 영향력이 있게 된다.

집을 보자. 문을 열고 현관에 들어서면 신발들이 있다. 기본적으로 3명이면 신발이 6개가 되고, 4명이면 8개가 된다. 슬리퍼와 운동화라도 있노라면 10개가 넘어간다. 이 10개가 어떻게 되어 있을까. 즐거운 집에 들어오는 첫 번째 관문에서 널려 있는 신발을 발로 치우며 들어가는 그 기분은 좋을까. 자신이 벗은 신발 하나만이라도 한쪽에 정리를 하고 들어간다면 다른 사람의 기분을 좋게 할 텐데.

화장실에 타월을 보자. 손을 씻거나 세수를 하고 나서 쓰는 수건이 가지런히 펼쳐져 걸려 있거나 새로운 수건이 교체되어 있다면 상쾌한 기분일 텐데. 누군가 쓴 수건이 뭉쳐져 있어 축축하고 때론 냄새도 난다. 깨끗이 씻은 손을 닦기가 망설여지는 순간이 되곤 한다.

어렵게 하지 말자. 신발을 함께 정리하고 보여 주자. 주변 정리가 안 되면 그 이유도 한번 생각해 보자. 신발주머니를 걸 곳이 없거나 타월 걸이가 너무 높은지. 그리고 정리의 이유를 알려 주자. 내가 사용한 후 제자리에 정리하는 행동이 다른 사람에게 어떠한 영향이 있는지 알려 주어 타인에 대한 배려심을 갖도록 해 주자. 이것은 장차 어른이 되어서 인격적으로 훌륭한 태도가 될 것이다.

필통 정리는 섬세함이고, 책상 정리는 시작과 끝이다.

　가끔은 아이들의 필통을 꺼내서 들여다보자. 평소에 학습태도가 좋은 아이들은 필통을 보면 안의 내용물 구성이 다르다. 공부할 때 꼭 필요한 샤프, 연필, 지우개, 형광펜, 자 등이 잘 정리되어 있다. 이에 대한 반대의 이미지는 쉽게 연상이 된다. 쓸 수 없는 연필이 세 자루 이상 있으면 정리가 필요한 필통이다. 이럴 때는 불필요한 내용물은 버리고, 필요한 내용물로 준비해서 함께 정리를 하는 것이다.

　책상에서는 보통 책을 펴고 닫는 장소가 된다. 물론 효율 측면에서 어차피 다시 펼 책이지만 습관 측면에서는 생각을 다시 해 봐야 한다. 일의 시작과 끝의 개념이다. 비록 내가 사용하는 책상이지만, 책을 본 후 다시 제자리에 꽂거나, 책상 위를 정리한 습관은 집이 아닌 공공의 장소에서 그 습관이 나오기 때문이다. "책상이 저게 뭐니"라고 꾸짖기만 하거나, "잔소리 말고 내가 그냥 정리해 주자"라고 하는 것보다 같이 정리를 하는 것에서 시작하여 본인의 책상도 정리하는 방법과 기준을 만들어 주면 좋을 것이다. '본 책은 다시 덮어서 좌측에 놓는다. 뺀 책은 제 자리에 꽂는다. 정리 후 쓰레기나 지우개 똥을 치운다'라는 기준이 반복이 되면 습관이 될 것이다. 이렇게 정리를 하는 습관이 된 아이는 다음 날 학교 갈 준비(필통, 가방)를 하는 행동으로 연결이 된다. 작은 실천을 소중히 해야 하는 이유다.

내가 지나간 자리, 내가 있었던 자리는 '나의 이미지'다.

아이들과 함께하는 연수나 여행 프로그램은 항상 긴장이다. 교육 효과와 안전운영이라는 두 개의 큰 축이 돌아가기 때문이다. 연수 중 마지막 날 숙소 체크아웃은 초긴장이다. 다시 돌아오지 못하기에 하나하나 잘 챙겨 줘야 한다. 한바탕 진이 빠진 가운데 잔잔한 감동을 주는 한 아이가 있었다. 본인 침대커버를 정리하는 것이다. 어른들도 호텔 체크아웃하면서 침대정리는 익숙하지 않은데 말이다. 그냥 가면 되는데 왜 그렇게 하냐고 물었더니, "내가 지나간 자리는 내 얼굴이잖아요"라는 것이다. 순간 필자를 뒤돌아보게 되었다. 그 아이가 그날은 필자의 선생님이 되었다. 그 이후로는 필자도 돈을 지불하는 호텔 등의 숙소를 체크아웃할 때는 주변을 정리하고 침대도 정리를 하고 나오게 되었다. '내가 지나간 자리는 내 얼굴이다'라는 한마디가 필자를 바뀌게 했다.

우리가 일하는 장소도 우리의 얼굴이고 이미지가 될 것이다. 일에 필요한 자료가 많이 있는 것하고 너저분하게 펼쳐져 있는 것은 차이가 있다. 그리고 퇴근 시에 내가 사용했던 주변과 책상 정리의 상태는 나에 대한 어떤 이미지를 주게 될까 생각해 볼 일이다. 성격만으로만 넘길 것은 아닐 것이다. 사소하지만 조그마한 행동들이 선입견을 좌우할 수 있다. 또 하나의 자기관리가 아닐까.

Cr5. 어른이 되어서 하고 싶은 것이 무엇인가
- 꿈이 있으면 진로가 명확하고, 행복한 길을 걷게 된다 -

사춘기를 참 심하게 앓았던 둘째 아이가 고등학교 2학년 때 댄스의 길을 선택했다. 부모한테 당당하게 계획을 말하고 그 일에 몰두하면서 그 아이 말과 행동에 놀라운 긍정적 변화가 온 것을 생각하면 지금도 많은 생각이 오고 간다. 둘째가 중2부터 4년간의 또 침묵 원인은 '사춘기'가 아니라 '의사표현'이었음을 알았다. 본인이 하고 싶은 것을 찾지 못하고 공부만을 해야 하는 답답함과 무력감이었던 것으로 생각된다. 그것도 모르고 그 아이의 태도를 고치려고 속상해하고, 신경전을 부렸으니 참 미련하기 짝이 없는 아빠였다.

작은아이는 비교적 쉽게 대학에 들어갔다. 일반적으로 고3의 학부모들이 겪는 마음고생과 공부에 대한 스트레스를 비교했을 때 필자가 겪은 시간을 생각하여 '쉽게 대학에 들어갔다'라는 표현을 썼다. 만약 둘째가 이 내용을 보면 아빠에게 섭섭하다고 생각할 수도 있을 것이다. 본인으로서는 많은 고민과 노력을 했을 것이다. 2년간 본인이 알아서 새벽까지 연습하고 준비하고 길을 만들어 갔기 때문이다. 논어에 "아는 것은 좋아하는 것보다 못하고, 좋아하는 것은 즐기는 것보다 못하다"라고 했다. 본인이 하고 싶은 일과 좋아서 하는 일에 대한 추진력과 창의력은 상상을 뛰어넘는다. 한계가 없는 가능성 그 자체를 경험하게 된다.

작은아이가 대학에 합격하고 형 군대에 면회를 갔을 때, 형이 동생을 보자마자 한 말이 있다. "넌 좋겠다. 하고 싶은 것이 있고, 그것을 대학에서도 할 수 있어서." 그 한마디가 교육회사에 근무하고 있으며, 그 아이의 아빠인 나에게 가슴에 울린 한마디였다. 하고 싶은 것에 대한 갈증이 평소에 얼마나 있었는지 쉽게 짐작이 가고 남았다.

우리는 왜 대학을 졸업한 후에 하고 싶은 일을 찾거나 꿈을 만들어 가는 것일까?
우리는 왜 대학을 자신의 꿈을 실현하기 위한 하나의 과정으로 생각하지 못할까?
대학이 우리 인생의 목표라는 인식에 필자도 물들어 있었음을 후회한다.

필자의 회사에서 1년에 한 번씩 4만여 아이들을 대상으로 개최하는 시험행사에서 우수한 결과를 낸 아이들에게 꿈을 물어본다. 한 초등학교 3학년 아이는 "나의 꿈은 선생님이 되는 것입니다. 나는 선생님에게 많은 도움을 받았으니, 어린 친구들을 도와주며 일하고 싶습니다. 그리고 그 꿈을 이루기 위해서 다양한 지식을 모으고 배우면서 많은 친구들을 도울 것입니다. 공부를 열심히 하겠습니다. 책을 많이 읽겠습니다"라고 답을 했었다.

어느 6학년 남자 아이는 "나는 우주 전체를 연구하는 물리학자를 제 꿈으로 선택했습니다. 저의 목표는 4개의 과정으로 계획되어 있는데요. 1차 목표는 과학고를 진학하여 공부한 다음, 2차는 카이스트에서 우주물리학을 전공하고, 3차는 박사학위를 취득한 후 NASA(최종목표)에 입사해서 우주물리학자로 일하는 것이 제 꿈입니다"라고 답을 했다. 두 아이 모두 시상식에서의 답변치고 꽤나 의미가 있으며 구체적이었다.

우리 부모님은 자녀의 꿈이 무엇인지 아시는지?
자녀의 꿈에 대해서 함께 생각은 해 보셨는지?

꿈이란 등대불이고 자신이 나아갈 길을 열어 주는 것이다.

꿈이 있는 아이들은 스스로 앞날의 목표를 설계한다. 자신의 꿈을 이루기 위해 해야 할 일을 제대로 인식한다. 필요한 계획을 세울 줄 안다. 꿈을 이루기 위해 어떤 대학에 가야 하는지, 자신의 성적으로 들어갈 수 있는 대학은 어디인지 등에 자연스럽게 관심을 가진다. 스스로 공부할 이유를 찾게 되고, 부모의 공부하라는 잔소리가 없어도 알아서 열심히 공부하는 효과를 얻게 될 것이다.

한국 미래세대 꿈 실태조사 보고서에 의하면 아동청소년이 꿈을 갖게 된 시기는 초등학생은 초등학교 저학년 때, 중학생은 초등학교 고학년 때, 고등학생은 중학교 때로 응답이 가장 많았다고 한다. 특히 고등학생 중에는 초등학교 이전 시기에 주변인들로부터 이어진 칭찬과 격려가 자연스럽게 꿈으로 유지되는 경우도 있었다. 이는 초등학교 이전 시기나 초등학교 시기에 꿈을 가지게 되는 아동이 청소년이 될 때까지 꿈을 유지할 가능성에 대해 보여 주고 있는 것이다. 또한 꿈에 큰 영향을 미친 인물로는 '부모', '없다', '교사', '친구 및 선배' 등의 순으로 나타났다.

이제 초등학생 이하 아이를 둔 부모님들은 과거 부모 세대처럼 아이를 좋은 대학에 보내는 것이 아니라 내 아이의 적성과 흥미가 어디에 있는지를 파악하자. 그것을 키워 나가도록 관심을 갖고 곁에서 도와주는 것이 중요하다. **꿈이 처음부터 없는 사람은 없다. 단지 꿈을 못 찾는 것이다.** 아이들에게 공부는 꿈을 향해 나아가는 징검다리다. 꿈을 찾고 갖고 만들어 가는 과정에서 각자의 스토리가 만들어진다. 아이들에게 꿈이 필요한 것은, 꿈의 결과보다는 꿈을 실현하기 위해 노력하는 과정과 꿈을 이루려는 열정이 더욱 중요하기 때문이다. 꿈이 없는 아이는 목표를 갖기 어렵고, 목표가 없는 아이는 어려움이 닥쳤을 때 좌절하기 쉽다.

공부도 크게 다르지 않다. 꿈이 있는 아이들은 공부해야 하는 이유를 안다. 이런 아이들은 누가 시키지 않아도 자신의 꿈을 실현하기 위해 스스로 노력한다. 우리는 자신의 꿈이 없는 상태에서 흔한 스펙 쌓기에 열중인 취업준비생들을 본다. 그 스펙은 본인에 맞는 스펙일까? 주변에서 하는 스펙을 불안한 마음으로 따라서 해 보는 것은 아닐까? 물론 어려운 취업전쟁에서 내 이력서에 한 줄이라도 더 채워 넣어 나를 알리고 싶은 심정은 이해한다. 하지만 언제 어떻게 쓰일지도 모르는 스펙 쌓기에 시간과 돈을 투자해야 하는 상황이 아쉽기만 하다.

내 아이가 좋아하는 것을 찾아 주자.

이전에는 부모가 못 이룬 꿈을 이루어 달라면서 갖은 고생을 다 하며 지원을 해 주었던 시대도 있었다. 그야말로 옛날이다. 부모가 못 이룬 꿈을 자식이 이루어야 할 이유가 무엇일까. 그 꿈은 그 자식에게 어울리거나 맞는 적성일까. 또한 가끔 부모의 입장에서 잘하는 아이 이야기를 들려주곤 한다. 그 말을 듣는 아이는 자극을 받고 동기부여가 될까. '나는 안 돼', '그 아이는 나보다 능력이 좋아서 그래'라고 생각하며 좌절감과 자존감에 상처를 입힐 수도 있는 것이다. 내 아이가 좋아하는 것부터 시작하자. 아이가 좋아하는 것은 아이의 적성과도 관계가 있다. 아이에게 특별한 분야가 있다면 그것에 시간과 기회를 더 갖도록 해 주는 것이다.

꿈 찾기도 정보력이다.

우리 부모들이 알고 있는 직업의 세계는 어떠한가. 직업의 종류는 몇 종류라고 생각할까. 혹시 아직도 판사, 변호사, 국회의원, 선생님, 회사원, 공무원, 연예인, 운동선수 정도일까. 부모가 직업의 세계도 관심을 가질 필요가 있다. 인터넷이나 직업 관련 책자도 있겠지만 유용한 국가에서 운영하는 사이트가 있다. 고용노동부에서 운영하는 '워크넷(www.work.go.kr)'은 '직업심리검사-청소년심리검사'에서 초등학생, 청소년 및 성인 개인의 능력과 흥미, 성격 등 다양한 심리적 특성을 객관적으로 측정하여 자신에 대한 이해를 돕고 개인의 특성에 보다 적합한 진로 분야를 선택할 수 있도록 도와주고 있다. 그 외 직업, 고용, 복지 등 다양한 정보를 구할 수 있다. '한국고용정보원(www.keis.or.kr)'도 취업 진로 길라잡이에 큰 도움을 줄 것이다. 한국고용정보원에서 제시한 자료에 의하면 2019년에 등재된 직업은 총 16,891개였으며 2012년 이후 8년간 5,236개가 늘었다고 한다. 그중 과학기술 발전, 인구학적 변화, 전문화, 제도변화 등에 따른 영향으로 270개의 신생직업도 등재되었다고 한다. 이렇게 수많은 직업의 정보 세계에서 헤엄치며 놀아 보기를 바란다. 찾으면 보일 것이다.

우리 아이들의 꿈을 키우기 위해서는 그들의 꿈을 시각화시켜 보자.

아이가 원하는 꿈의 실체가 담긴 사진이나 물체가 본인 책상 앞에 놓여 있고, 그 사진을 보면서 행복한 미소를 지으며 한 걸음 한 걸음 나아가는 아이의 모습을 상상하기를 바란다. 그 사진과 연관이 있는 자료를 가끔은 선물로 건네 보자. 관련된 정보를 핸드폰으로 보내 주자. 그러면 그 아이는 본인이 좋아하기에 책이든, 인터넷이든 탐구하는 재미도 느끼고 내 것을 찾아가는 습관도 갖게 될 것이다. 그게 살아가는 힘을 위해 우리 부모가 해야 할 일이다.

 아이들이 꿈이 없어 걱정이라고 말하는 부모들은 꿈이 없는 아이에게 진로를 주는 것이 아니라 찾도록 기회를 만들어 가야 한다. 아이는 스스로 답을 찾을 수 있는 위대한 존재라고 믿고 스스로 답을 찾고 실천하는 아이로 키워 주자. 아이의 능력을 그대로 인정하고 어떻게 키울 것인가를 고민하면 아이들도 자신이 원하는 진짜 꿈을 찾고 실현하는 삶을 살게 될 것이다.

 모든 우리 아이들이 어른이 되어서 하고 싶은 것이 있으면 좋겠다.
 꿈이 어떠하든 꿈꿀 수 있다는 것만큼 멋진 일은 없을 것이다.
 꿈을 통해 뭐든지 할 수 있을 것 같고, 될 수 있을 것 같은 자신감이 충만해지는 것이다.

 꿈이 있다는 것만으로도 우리는 살아 있음을 느끼고 자신이 걸어갈 행복한 길을 찾아갈 수 있다.

Cr6. 모르면 묻고 친구가 말하면 코를 보며 듣자
- 적극적인 배움과 경청의 태도가 된다 -

오래된 사례이긴 하지만 와닿는 실화여서 공유한다. 1797년대 프랑스 어느 야생지에서 발견된 늑대소년, 2017년 인도 바라이찌 자연보호구역 원숭이 무리에서 발견된 또 다른 아이는 사람이 아닌 동물들과 야생지에서 생활을 하였다. 발견된 그들은 사람의 어떤 언어도 이해를 못했고 이후 생활 적응도 어려웠다고 한다. 사람의 말을 들을 수 없었던 그 소년들이 사람의 말을 이해하지 못하고 할 수 없는 것은 당연하다. 들어야 말하는 능력도 커지기 때문이다.

우리는 매일 매시간 사람들과 함께 살고 있다. 늑대나 원숭이와 함께 사는 환경도 아니다. 하지만 그 아이들처럼 말을 이해도 못 하고, 하지도 못하는 상황이 혹시 오지 않을까. 잘 듣지 않으면 말이다. 듣는 것도 습관이다. 우리는 가끔 습관적으로 듣는 척한다. 우리는 가끔 아는 척하며 고개만 끄덕인다. 나는 분명히 말을 했는데, 보고를 했는데 상대와 상사는 기억을 잘 못하는 경우는 어떤 이유일까. 아이들도 엄마한테 말을 했다고 한다. 엄마는 까먹었다며 깜빡했다며 다급하게 상황을 얼버무린다. 듣는다고 하나 관심과 경청의 정도에 따라 이해는 다를 것이다. 이러한 '척'하는 태도 때문에 진정한 의사소통도 방해받고 신뢰관계에도 금이 가는 것이 아닐까.

한자의 '聽(들을 청)' 자에는 여러 개의 부수가 모여 있다. 귀 이(耳), 임금 왕(王), 열 십(十), 눈 목(目), 한 일(一), 마음 심(心) 이렇게 여섯 글자가 합쳐서 '聽'이 된 것을 알 수 있다. 耳 자와 王 자가 합하여 '듣는 것이 왕처럼 매우 중요하다', 十 자와 目 자가 합하여 '열 개의 눈으로 보는 듯해야 한다', 一 자와 心 자가 더해져 '하나의 마음으로 들어야 한다'는 의미가 있다고 한다. 어떻게 들어야 함을 잘 가르쳐 주고 있다.

우리 아이들의 미래에 중요한 역량 중에 하나가 의사소통능력이다. 외국어를 잘하는 능력이 아니라 상대의 말을 잘 듣고 정확하게 이해하는 것이다. 그에 맞는 나의 의견을 제시하여 원하는 결과를 얻는 역량이다. 그러기 위해서는 잘 듣는 경청이 무엇보다 중요하다. 경청이란 상대방에게 온전히 집중하고 더 많은 이야기를 이끌어 내며 상대방의 감정에 공감하고 최선을 다해 그를 돕겠다는 태도를 비치는 것이다. 상대방의 말에 진심을 담아 귀를 기울이면, 정보를 보다 깊이 이해한다. 실수를 줄이며 상대의 자존심을 높이고 빠른 이해로 시간을 아낄 수 있다. 아이들이 가정에서 이러한 듣는 태도와 대화의 습관을 만들어 간다면, 이것은 학교나 사회에서 귀중한 배움의 자세가 될 것이다.

『초등엄마 교과서』에서 박성철 저자는 경청하는 습관은 논술을 잘하는 능력을 키운다고 한다. 논술이란 자신의 주장을 또는 자신의 생각을 논리 정연하게 펼치는 것인데, 논술을 잘하기 위해서는 배경 지식이 당연히 필요하다. 이를 책에서 얻겠지만 다른 사람들과의 이야기와 대화, 토론의 과정에서도 지식과 정보를 얻게 되는 것이다. 특히 그 분야의 전문가와의 대화에서 얻는 지식과 정보는 생생함이 더해지고 구체적인 내용을 얻는 것이 가능하다. 그러기 위해서는 내가 많은 말을 하는 것이 아니라 상대의 말에 내가 잘 듣고 맞장구를 치고 공감의 호응을 해 주는 것이다. 이에 화자는 본인의 이야기에 집중과 정성을 쏟고 있는 상대에게 더 많은 정보를 신나게 주고 대화의 꽃은 피게 된다. 어려서부터 이런 경청하는 대화의 습관을 길들여가 보자.

아이의 눈과 코를 번갈아 가며 보며 듣자.

눈을 보는 아이콘택트(eyecontact)의 진정한 의미는 상대에 대한 관심과 친밀감의 표현이다. 엄마 아빠가 먼저 표현을 해 주자. 말하는 아이의 '눈'이나 '코'를 보면서 대화를 하자. 이것은 말하는 상대방에게 관심, 자존감을 세워 주기도 한다. 또한 말하는 사람의 비언어적 신호도 읽을 수 있다. 한 연구에 따르면 의사소통의 60%는 비언어적 신호를 통해 이루어지고 30%는 목소리 톤을 통해 이루어진다고 한다. 우리가 사용하는 말 자체는 의사를 전달하는 데 10%밖에 기여하지 못한다고 한다.

사회가 변하면서 갈수록 온라인 세상과의 연결을 끊지 않는 시간이 많아지다 보니 가족이나 친구와의 식사, 심지어는 미팅에서도 얼굴을 맞대고 하는 대화가 온라인 소통에 밀려나고 있다. 아이콘택트나 비언어적인 행동을 이해하는 데 어려움을 겪고 있다. 대화에 집중이 될까?

상대를 본다는 것은 좋은 소통의 방법이다. 나는 아이들과 대화 시 얼굴을 보았을까. 눈과 귀와 마음이 혹시 따로 있지 않았을까 1분만 생각해 보자. 아이들도 똑같이 따라서 할 것이다.

아이에게 호응과 질문을 해 주자.

호응과 질문은 반응의 방법이며, 반응은 대화의 시작이다. 반응은 말하는 사람을 신나게 한다. 아이가 말할 때 '정말? 와! 그래? 재밌다! 그래서?' 등의 추임새를 넣어 보자. 끄덕임이나 미소, 찌푸림, 놀라거나 기쁜 표정 등 다양한 비언어적 신호도 해 주는 것이다. 이는 적극적인 공감의 표현이 될 수 있다.

경청과 질문은 같은 길을 간다. 호응을 하면서 관심을 보이는 질문을 해 보자. 질문을 한다는 건 '내 생각이 틀릴 수 있다. 상대에게 뭔가 배울 게 있다. 저것이 더 알고 싶다'라는 태도이고 습관이다. 대화 속에서 어떤 일을 한 이유나 과정, 결과를 말하게 하는 질문의 기회를 가져 보자. '~은 무슨 뜻이야? 왜 그렇게 생각해? ~한 부분 한 번 더 말해 줄래? 그래서 어떻게 되었어? 고마워.' 이러한 질문은 상대의 말을 더 주의 깊게 듣고 상대의 생각을 더 많이 이해하고 싶다는 것도 나타낼 수 있다. 결국 사실이나 세부 사항 이해도는 더 높아질 것이다. 단, 질문할 때 공격적인 질문은 오히려 말하는 사람에게 실례가 되니 부드러운 말투는 센스쟁이가 될 것이다.

질문하는 것도 습관이고 실력이다.

지난 일이긴 하지만 필자가 뉴욕에서 영어 어학연수를 할 때 수업 중에 질문 하나를 하려고 10분을 혼자 준비한 기억이 난다. 결국 질문도 못 하고 수업도 놓치고 달았다. 안타까운 습관이었다. 모르는 것을 적극적으로 묻고 그것에 대한 적극적인 답변의 자세는 시간이 필요하다. 어려서부터 그러한 환경이 꼭 필요할 것이다.

대화 중에 모르는 것을 물어보고 알게 된 것은 서로에게 좋은 배움이 된다. 말하는 사람은 정확한 정보와 표현력이 필요하고, 듣는 사람은 모르는 내용을 세부적으로 질문할 수 있기에 이해의 깊이는 차원이 다르다. 대화 중에 이 역할이 자주 바뀐다. 상대방에 대한 설득의 상황까지 연출된다. 작은 대화에서 잡힌 이 습관은 더 큰 대화의 장소나 교실, 사회로 연계되어 적극적인 배움과 의사소통의 핵심 기술이 되는 것이다. 도서관에서 혼자 배우는 것과 다르다.

아무것도 모르면 질문할 수 없다. 질문은 어느 정도의 지식이 있어야 가능하다. 내가 아는 것과 더 알고 싶은 것 사이의 간극을 줄이기 위해 나오는 것이 질문이다. 수업 중에도 질문을 제대로 하는 아이가 있다. "이 문제를 몰라요"가 아니라 "이 문제 어느 부분에서 무엇이 모르겠다"라고 아주 구체적인 그곳을 질문한다. 그래서 그 아이들은 하나하나 정확하게 자기의 것을 만들어 간다. 좋은 질문 습관은 아이들의 호기심을 더욱 자극하여 똑똑한 아이를 만들어 간다.

어른들의 침묵은 아름답다.

아이들이 신나게 말하고 표현하도록 엄마 아빠가 대화 중 추임새를 넣고 비언어적인 표현을 하는 것이 좋다. 그리고 질문을 통하여 우리가 대화에 집중하고 있다고 느끼게 하자. 질문을 하게 되면 좀 더 정확하게 정보를 이해한다는 것을 아이들에게 알려 주는 산교육이 될 것이다.

엄마 아빠의 침묵은 또 다른 가르침이 될 것이다.

침묵과 경청은 연결되어 있어서 침묵할 줄 모르면 사람들과 효과적으로 소통할 수 없다. 진정한 소통은 상대가 무엇을 말하고 싶은지에 관심을 갖는 것이다. 그렇다면 내가 말하고 싶은 것에만 관심을 가지면 어렵게 된다. 상대방에게 좋은 인상을 주는 것은 '입'보다 '귀와 눈'이다.

그래서 아이들이 조금 더 말하도록
아이들이 나중에 어른이 되어서
대화 중 말을 끊고 치고 들어가
비즈니스 매너가 없다는 평을 듣지 않도록
우리가 때로는 은은한 미소와 함께 침묵을 하면 어떨까.
말을 하는 침묵!

에필로그

본질(本質)은
'그것이 그것으로서 있기 위해 없어서는 안 되는 것'이라고 한 백과사전에 정의되어 있다.

필자는 가정교육이 가정교육으로서 있기 위해 없어서는 안 되는 것을 주장하고 싶었다.

우리 사회의 미래인 아이들이 어떠한 상황에서도 당당하게 살아가기 위해서 가장 기본적으로 '인성과 태도'가 꼭 필요하다. 그 인성과 태도는 습관으로 충분히 만들어질 수 있으며, 그 장소가 가정교육이다. 필자가 주장한 Pr6와 Cr6가 거창하거나 화려하지는 않지만 가장 기본적 요소라고 확신한다.

그러다 보니 공부와 성적에 대한 이야기가 많았다. 입시로 인한 사회적 문제 제기도 있었다. 일부 사회적 이슈와 예측은 좀 성급할 수도 있다. 본의 아니게 필자 자녀의 이야기가 사례로 언급된 점도 있다.

이런저런 생각에 이 글을 마무리하는 지금, 마치 깊은 밤에 쓴 연애편지를 아침에 다시 읽을 때의 기분 같기도 하며 수정하기를 반복한다. 그러나 독자님들의 너그러운 마음에 살짝 기대며 용기를 내어 본다.

  살며 사랑하며 배우는 길을 걷다 보니, 어느새 인생의 반환점을 돌았다.
  여기까지 걸어온 길, 무엇보다도 25년이 넘는 시간 동안 많은 아이들과 학부모님들과의 시간이 우리에게는 소중한 자산과 교훈이었다. 아이들을 만나고 연구하고 교육하고 직장인 상담을 하면서 필자와 박미연 님의 가슴속에 새겨진 단어가 있다. 그것은 '자립(自立)'이다. 이 자립심이 살아내는 힘이고, 살아가는 힘이다.

  어느 부모가 자식의 성공과 성장을 바라지 않을까. 하지만 바람만큼 실행이 쉽지 않은 것이 우리 현실이 아닌가. **그럼에도 불구하고 성공과 성취라는 단어를 말하는 사람은 '남이 보기에 쉬워 보이나 지속하기에 어려운 일'을 끈기로 이어 갔다.**

에디슨, 링컨, 율곡 이이 등 동서고금을 막론하고 성공한 자녀의 배후에는 좋은 어머니가 계셨다. 나폴레옹은 "자식들의 운명은 언제나 그 어머니가 만든다"고 했다. 태어나지 않고 만들어지는 것이 아니겠는가. 학교를 포함한 사회도 있지만 그 이전에 가정교육의 영향력이다. 그 부모님의 자식들이 과거와 현재에서 우리 사회를 밝게 행복하게 만든 주인공이 아니겠는가.

한 명이라도 더 많은 우리 아이들이 '살아가는 힘'을 갖추어 어떠한 상황에서도 당당히 본인의 '길'을 걸어가도록 헌신으로 사랑하고 이끌어 주시는 대한민국의 어머니와 아버지들께 온 힘을 다해 응원하겠다.

당신은 이미 인류사회에 봉사하고 계십니다!